奔驰 1 号车（德国，1886）

戴姆勒 1 号车（德国，1886）

首次用"梅赛德斯"命名的戴姆勒汽车
（德国，1889）

首次采用前置后驱方式的潘哈德汽车
（法国，1891）

世界上第一辆菲亚特微型车（意大利，1899）

福特 T 型车（美国，1908）

世界首次采用传动轴驱动的雷诺汽车
（法国，1898）

福特首创的流水线生产方式
（美国，1913）

克莱斯勒"气流"牌轿车
（美国，1934）

世界上首次采用前轮驱动的雪铁龙轿车
（法国，1934）

波尔舍设计的第一代甲壳虫牌轿车
（德国，1939）

威利斯公司的第一代 JEEP 车
（美国，1942）

第一辆法拉利赛车 Ferrari 125
（意大利，1946）

第一辆保时捷跑车 Porsche 356
（德国，1948）

第一辆解放牌汽车下线（中国，1956）

红旗 CA72 高级轿车（中国，1959）

首次举办世界汽车大赛（法国，1905）

法拉利 F1 赛车（意大利，2003）

保时捷 Carrera GT 跑车（德国，2003）

玛莎拉蒂 MC12 跑车（意大利，2004）

柯尼希塞尔 CCR 跑车
（瑞典，2005）

征战 DTM 的奥迪 A4 赛车
（德国，2005）

世界首辆燃料电池汽车氢动一号
（美国，2000）

太阳能汽车
（美国，2005）

北京奥运新能源公交车（中国，2008）

比亚迪纯电动双层大巴（中国，2015）

特斯拉 Roadster 电动跑车（美国，2008）

小鹏 G3 纯电动 SUV（中国，2016）

蔚来 ES6 智能电动 SUV（中国，2018）

理想 ONE 电动 SUV（中国，2019）

HI 版极狐阿尔法 S 纯电动汽车
（中国，2021）

HI 版阿维塔 E11 智能电动网联汽车
（中国，2021）

一汽集团

红旗

东风集团

岚图

北汽集团

福田

上汽集团

荣威

名爵

罗孚

宝骏

长安 商用车

长安 乘用车

中国重汽

奇瑞

瑞麒

威麟

江淮

吉利

英伦

全球鹰

比亚迪

长城

力帆

广汽 传祺

蔚来

理想

小鹏

昌河

 哈飞　　 中兴　　 华泰　　 东南　　 裕隆

 江铃　　 跃进　　 川汽野马　　 新雅途

 陆风　　 江南　　 夏利　　 福迪　　 猎豹

 黑豹　　 华普　　 五菱　　 赛豹　　 双环

 金旅客车　　 宇通客车　　 金龙客车　　 中通客车　　 亚星客车

 安凯客车　　 海格客车　　 中大客车　　 舒驰客车　　 黄海客车　　 恒通客车

梅赛德斯—奔驰（德国）　迈巴赫（德国）　大众（德国）　奥迪（德国）　精灵（德国）

兰博基尼（意大利）　保时捷（德国）　布加迪（德国）　宾利（英国）　斯柯达（捷克）

西雅特（西班牙）　斯堪尼亚（瑞典）　宝马（德国）　劳斯莱斯（英国）　迷你（英国）

标致（法国）　雪铁龙（法国）　雷诺（法国）　蓝旗亚（意大利）　阿尔法·罗米欧（意大利）

菲亚特（意大利）　法拉利（意大利）　玛莎拉蒂（意大利）　依维柯（意大利）　世爵（荷兰）

萨博（瑞典）　沃尔沃（瑞典）　帕加尼（意大利）　莲花（英国）

伏克斯豪尔（英国）　阿斯顿·马丁（英国）　拉贡达（英国）　通用（美国）　凯迪拉克（美国）

雪佛兰（美国）　别克（美国）　欧宝（德国）　福特（美国）　林肯（美国）

 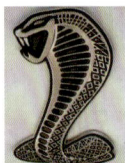    

野马（美国）　眼镜蛇（美国）　水星（美国）　克莱斯勒（美国）　道奇（美国）　蝰蛇（美国）

普利茅斯（美国）　特斯拉（美国）　路虎（英国）　铃木（日本）　塔塔（印度）

丰田（日本）　雷克萨斯（日本）　日产（日本）　英菲尼迪（日本）　本田（日本）

讴歌（日本）　三菱（日本）　马自达（日本）　现代（韩国）　起亚（韩国）

"十四五"职业教育国家规划教材

"十三五"职业教育国家规划教材 修订版

汽|车|文|化

第4版

主编　曲金玉　任国军　曲平波
参编　李福伟　刘秀清　王丕杰　宋作军

机械工业出版社

本书是"十四五"职业教育国家规划教材。

全书共7章。第1章世界汽车的诞生与发展，系统地介绍了世界汽车诞生与发展过程中的重大历史事件和历史进程。第2章中国汽车工业的创业与发展，介绍了我国汽车工业艰辛的创业历程，我国主要汽车公司的历史、发展现状和自主汽车品牌。第3章车标赏析，简要介绍了世界各国著名汽车公司的车标所表达的丰富内涵和文化。第4章世界经典名车，介绍了世界著名汽车公司的创建历史及其创造的世界经典名车。第5章汽车运动，介绍了国内外汽车运动的重大赛事。第6章汽车相关知识，介绍了汽车的类型、汽车国际组织、世界著名的车城、车展和汽车收藏等汽车相关知识。第7章现代汽车科技概览，介绍了汽车电子化、网络化以及无人驾驶汽车、新能源汽车和汽车新材料等现代汽车科技的发展历程和基本概念。本书内容经典、新颖，图文并茂，可读性强，配有相关视频，可通过手机扫描书中的二维码观看。

本书可作为本科、高职高专院校汽车文化课程的教材和参考书，也可供广大车迷爱好者学习参考。

本书配有电子课件，凡使用本书作为教材的教师可登录机械工业出版社教育服务网(www.cmpedu.com)注册后免费下载。咨询电话：010-88379375。

图书在版编目（CIP）数据

汽车文化/曲金玉，任国军，曲平波主编. —4版. —北京：机械工业出版社，2022.4（2024.6重印）

"十三五"职业教育国家规划教材：修订版

ISBN 978-7-111-70268-9

Ⅰ.①汽…　Ⅱ.①曲…　②任…　③曲…　Ⅲ.①汽车-文化-高等职业教育-教材　Ⅳ.①U46-05

中国版本图书馆 CIP 数据核字（2022）第 035234 号

机械工业出版社（北京市百万庄大街22号　邮政编码100037）
策划编辑：张双国　　　　　责任编辑：张双国
责任校对：郑　婕　贾立萍　封面设计：王　旭
责任印制：常天培
北京宝隆世纪印刷有限公司印刷
2024 年 6 月第 4 版第 12 次印刷
184mm×260mm·11.75 印张·4 插页·296 千字
标准书号：ISBN 978-7-111-70268-9
定价：49.80 元

电话服务　　　　　　　　网络服务
客服电话：010-88361066　机 工 官 网：www.cmpbook.com
　　　　　010-88379833　机 工 官 博：weibo.com/cmp1952
　　　　　010-68326294　金 书 网：www.golden-book.com
封底无防伪标均为盗版　机工教育服务网：www.cmpedu.com

关于"十四五"职业教育
国家规划教材的出版说明

为贯彻落实《中共中央关于认真学习宣传贯彻党的二十大精神的决定》《习近平新时代中国特色社会主义思想进课程教材指南》《职业院校教材管理办法》等文件精神，机械工业出版社与教材编写团队一道，认真执行思政内容进教材、进课堂、进头脑要求，尊重教育规律，遵循学科特点，对教材内容进行了更新，着力落实以下要求：

1. 提升教材铸魂育人功能，培育、践行社会主义核心价值观，教育引导学生树立共产主义远大理想和中国特色社会主义共同理想，坚定"四个自信"，厚植爱国主义情怀，把爱国情、强国志、报国行自觉融入建设社会主义现代化强国、实现中华民族伟大复兴的奋斗之中。同时，弘扬中华优秀传统文化，深入开展宪法法治教育。

2. 注重科学思维方法训练和科学伦理教育，培养学生探索未知、追求真理、勇攀科学高峰的责任感和使命感；强化学生工程伦理教育，培养学生精益求精的大国工匠精神，激发学生科技报国的家国情怀和使命担当。加快构建中国特色哲学社会科学学科体系、学术体系、话语体系。帮助学生了解相关专业和行业领域的国家战略、法律法规和相关政策，引导学生深入社会实践、关注现实问题，培育学生经世济民、诚信服务、德法兼修的职业素养。

3. 教育引导学生深刻理解并自觉实践各行业的职业精神、职业规范，增强职业责任感，培养遵纪守法、爱岗敬业、无私奉献、诚实守信、公道办事、开拓创新的职业品格和行为习惯。

在此基础上，及时更新教材知识内容，体现产业发展的新技术、新工艺、新规范、新标准。加强教材数字化建设，丰富配套资源，形成可听、可视、可练、可互动的融媒体教材。

教材建设需要各方的共同努力，也欢迎相关教材使用院校的师生及时反馈意见和建议，我们将认真组织力量进行研究，在后续重印及再版时吸纳改进，不断推动高质量教材出版。

机械工业出版社

前　言

纵观历史，人类从对内燃机汽车的探索，到电动汽车的兴起；从早期的昂贵汽车玩物，到当今汽车与每一个人的生活都息息相关；从古董老爷车的原始古朴，到现代超级跑车的急速狂飙；从汽车品牌的创立，到汽车工业集团化、国际化重组兼并和造车新势力的崛起；从第一次汽车比赛，到F1、FE、WRC、WEC等汽车运动风靡全球；从新中国第一汽车制造厂的成立到我国汽车工业的崛起和民族汽车品牌的不断涌现；从以汽车安装晶体管收音机为时尚，到现代汽车的电子化、网络化和智能化的方兴未艾……在百余年的汽车发展历程中，汽车的发展推动了社会发展和科技进步，创造了巨大的物质财富和精神财富，形成了独具特色的汽车文化。

本书在第3版的基础上，结合国内外汽车产业、汽车品牌、汽车法规、汽车运动、汽车科技等方面的新发展状况，更新完善了部分相关内容。编者本着古为今用、洋为中用、尊重历史、崇尚创新的理念，力求内容经典、新颖，大力弘扬中国汽车文化，突出改革开放以来我国汽车工业的发展成就，助力推进交通强国建设。

本书由曲金玉、任国军、曲平波任主编，由曲金玉进行统稿。参加本次修订的还有：李福伟、刘秀清、王丕杰、宋作军。

本书在编写过程中，引用了许多文献资料，除了书末列出的主要参考文献外，还包括其他的一些相关资料，在此谨向所有原作者们表示衷心的感谢！

由于作者水平所限，书中难免有错误和不当之处，诚请专家和广大读者批评指正。

编　者

目 录

汽车文化 第4版

第 **1** 章
世界汽车的诞生与发展

　　1886 年，卡尔·本茨发明了人类历史上第一辆由单缸汽油发动机驱动的三轮汽车，人类社会从此进入了汽车时代；1897 年，狄塞尔在德国卡塞尔展出了第一台实用的柴油机；1913 年，福特汽车公司发明了流水线作业法，开创了汽车工业的新时代……汽车在其诞生、成长与发展的历史长河中，凝聚了无数人的智慧、汗水和梦想。

1.1 汽车诞生前夜

1.1.1 古代车的发明

公元前 2000 多年，在我国夏朝的大禹时代，奚仲发明了世界上的第一辆车，并被封为管车大夫。公元前 1600 年的商代，开始应用辐条结构的两轮四匹马驾战车。

三国时期（公元 220—228 年），魏国制造家马钧发明了指南针车。在晋或晋以前我国发明了记里鼓车（图 1-1）。记里鼓车的原理与近代里程表、减速器的原理相同，是科学技术史上的一项重要发明。

图 1-1　汉代孝堂山画像石中的记里鼓车图

1.1.2 蒸汽机汽车时代

1765 年，英国人瓦特（James Watt）发明了蒸汽机，带领人类进入了"蒸汽机时代"。许多发明家纷纷把瓦特的发明应用到"自走式车辆"的设计中。

1769 年，法国陆军军官古格诺（Joseph Cugnot）制成了世界上第一辆具有实用价值的蒸汽汽车（图 1-2）。这辆车只是极不成熟的试验品，锅炉里的蒸汽只能供车辆行驶 30min，最高车速只有 4km/h。

1834 年，英国成立了世界上第一家汽车公司——英格兰蒸汽机汽车公司，从而使汽车运输走向社会化和企业化。图 1-3 所示为早期英格兰的蒸汽机公共汽车。

图 1-2　古格诺的蒸汽汽车，1769 年

图 1-3　早期英格兰的蒸汽机公共汽车

蒸汽机汽车的好时光结束于 1912 年，这一年出现了汽油机电动起动装置，这使得蒸汽机起动慢的缺点显得更加突出。到 20 世纪 20 年代，蒸汽机汽车已经完全衰落，成了博物馆里供人怀念的展品。

1.1.3 内燃机的发明

1801 年，法国化学家菲利浦·勒本（Philips Lebon）采用煤干馏得到的煤气和氢气作燃料制成一台发动机，它是将上述可燃气体与空气混合后点燃产生膨胀力来推动活塞运动的，这项发明被誉为内燃机发展史上具有开拓性的一步。

1864年，德国人尼古拉斯·奥托（Nikolaus August Otto）（图1-4）与企业家兼工程师兰根（Eugen Langen）合作建立了世界上第一家内燃机制造厂，专门从事内燃机的开发工作。1866年，奥托研制出了在动力史上具有划时代意义的"往复式四冲程内燃机"（图1-5），并于第二年在巴黎万国博览会上赢得金奖。

图1-4 尼古拉斯·奥托
（1832—1891）

图1-5 奥托的第一台往复式四冲程内燃机

1924年，德国菲利克斯·汪克尔（Felix Wankel）建立了一个转子发动机的小型试验室，开始了潜心发明转子发动机的征程，1929年，他获得第一个转子发动机专利（图1-6）。为了纪念他的杰出成就，人们把转子发动机称为"汪克尔发动机"。

图1-6 汪克尔和他发明的转子发动机

1897年，德国工程师鲁道夫·狄塞尔（Rudolf Diesel）在德国卡塞尔展出了第一台实用的柴油机（图1-7）。由于柴油机的热效率远远高于汽油机的热效率，并具有较高的安全性，使得柴油机成为重型车辆和军用车辆的首选动力。人们为了纪念狄塞尔的功绩，将柴油机称为"狄塞尔"（英语的DIESEL即为柴油机的意思）。

图1-7　鲁道夫·狄塞尔和他制造的第一台柴油机

1.2　内燃机汽车的诞生

1.2.1　汽车之父——卡尔·本茨

卡尔·本茨（Karl Benz，1844—1929）（图1-8）是现代汽车工业的先驱者之一，出生在德国卡尔斯鲁厄市。

1883年，卡尔·本茨创建了"奔驰公司和莱茵煤气发动机厂"。1886年，他将煤气发动机改进为汽油发动机并将其安装在一辆三轮车上，世界上第一辆汽车，即公认的世界上第一辆三轮汽车——奔驰1号车诞生了（图1-9）。

图1-8　卡尔·本茨

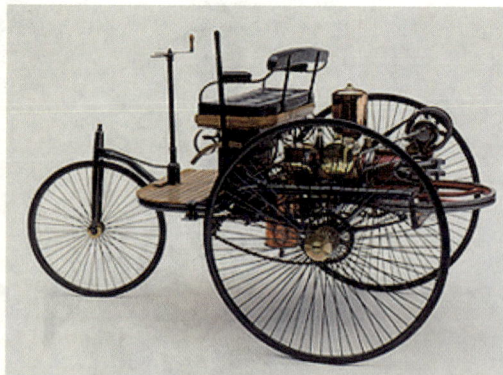

图1-9　奔驰1号车，1886年

卡尔·本茨于1886年1月29日向德国皇家专利局申请他发明的汽车专利，同年11月2日获得批准，专利号为37435，汽车得到了第一张官方出生证明（图1-10），这是公认的世界上第一张汽车专利证。

1888年8月的一个清晨，卡尔·本茨的妻子贝尔塔·林格尔开着奔驰1号车，带着两个儿子从曼海姆出发，试行了100km到达娘家普福尔茨海姆，圆满地完成了世界上首辆汽车的试行之举，她也成为世界上第一个试车者和女驾驶人（图1-11）。

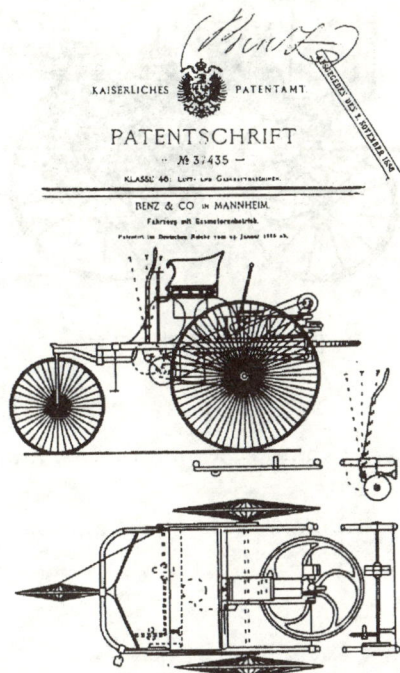

图1-10 第一张汽车专利证

图1-11 奔驰1号车的首次试车

1.2.2 戴姆勒与世界上第一辆四轮汽车

戈特利布·戴姆勒（Gottlieb Daimler，1834—1900）（图1-12）出生于德国绍恩多夫市。

1883年，戴姆勒和迈巴赫制造出了首部戴姆勒卧式发动机，该发动机在1883年12月获得了德国专利。随后他们把卧式发动机改装成尽可能小的立式发动机，于1885年4月获得专利。该发动机是世界上第一部立式机，戴姆勒把它取名为"立钟"。它体积小、占地少、转速快、效率高，最适合交通工具使用，是后来汽车汽油机和航空汽油机的鼻祖。

1885年8月，戴姆勒将功率为0.8kW的"立钟"发动机装到了一辆木制双轮自行车上，并申请到了"骑式机动双轮车"的专利，这就是世界上第一辆摩托车（图1-13）。所以，戴姆勒被称为"摩托车之父"。

图1-12 戈特利布·戴姆勒
（1834—1900）

1886年，为庆祝妻子生日，戴姆勒买了一辆四轮大马车。他和迈巴赫改造了车子，在前轮上安装了转向装置，后轮上安装了驱动装置，把一台经过改进的立式发动机安装在车身中部，于是第一辆四轮汽车诞生了。戴姆勒把这辆车叫作"机动马车"（Motor Carriage），后来这辆车被尊称为戴姆勒1号车（图1-14）。

图 1-13 戴姆勒制成的世界上第一
辆摩托车

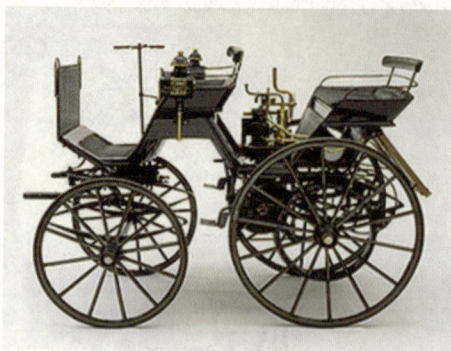

图 1-14 戴姆勒 1 号车

1.3 汽车最初在世界各国的发展

1.3.1 法国汽车工业的先驱

1.3.1.1 世界上第一家真正的汽车制造商——标致

1888 年，标致公司开始生产汽车。1890 年，第一辆汽油机动力的标致汽车——标致 Ⅱ 型汽车（图 1-15）问世了，这是德国以外出现的第一辆汽车。1891 年，更成熟的标致 Ⅲ 型车问世，并且开始批量生产、公开销售。而此时的奔驰公司和戴姆勒公司都只满足于销售内燃机生产许可证，其汽车产品都停滞在样车阶段。

1.3.1.2 最早采用前置后驱布局的汽车

1891 年，埃米尔·勒瓦颂（Emile Levassr）与勒内·潘哈德（Rene Panhard）开办的潘哈德-勒瓦颂（P&L）机器制造公司开始生产汽车，并创制了发动机前置和后轮驱动的布局（图1-16）。潘哈德这个品牌也成为法国和世界汽车工业的先驱之一。

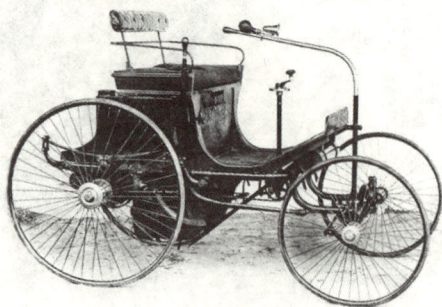

图 1-15 标致 Ⅱ 型汽车，1890 年

图 1-16 率先采用前置后驱方式的
潘哈德汽车，1891 年

1.3.1.3 路易·雷诺与传动轴的发明

路易·雷诺（Louis Renault）出生于巴黎一个纽扣商人的家庭，从小就对机械充满了兴

趣。1898 年，改装了一辆四轮车并于 1898 年 12 月 24 日在巴黎蒙马特高地陡峭的勒比克大街上试车成功（图 1-17）。同年，路易·雷诺成立了雷诺兄弟公司，开始专门从事汽车生产。

1.3.2 美国汽车工业的开拓者

1.3.2.1 亨利·福特

亨利·福特（Henry Ford）1863 年出生于底特律西边 30km 的迪尔伯恩市。

1893 年 9 月，查尔斯·杜里埃（Charles Duryea）和弗兰克·杜里埃（Frank Duryea）兄弟制造出了美国第一辆汽油机汽车。福特下决心也要造出自己的汽车，他一边学习一边探索，终于在 1896 年 4 月 6 日制造出了一辆汽车，福特把它亲切地称为四轮自行车（Quart-cycle）（图 1-18）。

图 1-17　雷诺和他的"小马车"

图 1-18　亨利·福特坐在他的第一辆汽车上，身后车内是他的儿子埃德塞（Edsel）

1903 年 6 月 16 日，福特联合其他 12 位股东集资组建了福特汽车公司。福特公司的第一种车叫 A 型车（图 1-19），字母"A"象征着全新的开始。到 1907 年时，福特公司已经设计了 19 种汽车，其中最成功的是被评为"世纪之车"的 T 型车（图 1-20）。其出色的销售量使得亨利·福特获得"汽车大王"的称号。

图 1-19　1903 年的福特 A 型车，2 缸 8 马力

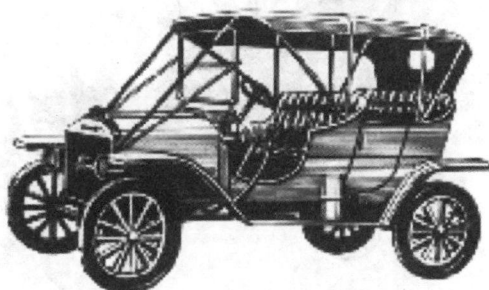

图 1-20　1907 年的福特 T 型车

1.3.2.2　福特 T 型车与装配流水线

1910 年以前，汽车只是一种供富人游乐消遣的单件生产的"工艺品"。1910 年，为了解决人们日益增长的对 T 型车的需求，福特公司开始实行 T 型车组装方式的变革，目的是实现流水线生产，这是汽车工业史上的第一次变革。1913 年，福特公司开发出世界上第一条装配流水线（图 1-21），到 1927 年 T 型车累计生产 1500 万辆，亨利·福特从此被誉为"给世界装上轮子"的人。

到了 20 世纪 20 年代中期，美国汽车顾客的要求已不仅仅局限于经济实惠了，在通用公司的新型车雪佛兰轿车推出后，T 型车便逐渐退出了其辉煌的历史舞台。

图 1-21　福特开创的流水线生产方式

1.3.2.3　别克汽车的诞生与通用公司的成立

1861 年，威廉·杜兰特（William Durant）出生在底特律附近弗林特市（Flint）的一个木材商人家里。1903 年，大卫·别克在底特律建立了别克汽车公司，没挣到利润，反而背了一身债。杜兰特抓住机会，于 1904 年 11 月盘下了别克公司。在杜兰特的管理下，别克公司飞速壮大，1908 年别克汽车的产量已达到 8820 辆。图 1-22 所示为 1903 年的别克 Model C 型车。

1908 年 9 月，杜兰特在美国新泽西州正式宣布成立通用汽车公司（General Motors）。当年 11 月，别克以交换股票的方式并入通用公司，1909 年，凯迪拉克和奥克兰用相同的方式并入。在其后一两年内，通用公司合并了 15 家较小的汽车厂、3 家货车公司和 10 家汽车配件公司，确立了通用公司的汽车巨人地位。

由于杜兰特并没有管理庞大公司的能力，仅仅过了两年，整个公司就陷入了困境。1910 年 10 月，杜兰特被迫离开了通用公司。但是杜兰特并没有就此放弃。1911 年，他同法国赛车手路易斯·雪佛兰（Louis Chevrolet）成立了雪佛兰汽车公司，并且经营得非常成功。图 1-23 所示为雪佛兰公司于 1912 年推出的第一辆车。

图 1-22　别克（Buick）Model C 型车，1903 年

图 1-23　雪佛兰（Chevrolet）H-4 汽车

1916 年，杜兰特秘密买下了通用汽车公司的大部分股权，重新控制了通用汽车公司。1918 年，雪佛兰公司并入通用汽车公司。1920 年通用汽车公司再次出现经营危机。1921 年通用汽车公司的幕后老板杜邦家族迫使杜兰特永远地离开了通用汽车公司，并把表现出管理天赋的阿尔弗莱德·斯隆（Alfred Sloan，1875—1966）提升为总经理，从此，通用汽车公司开始了一个崭新的时代。

1.3.3 英国的贵族汽车

1.3.3.1 劳斯莱斯汽车

劳斯莱斯又译为罗尔斯·罗伊斯（Rolls Royce）。出身贵族的查理·罗尔斯（Chary Rolls）是一位赛车手，爱交际，广结友；磨坊主的儿子亨利·罗伊斯（Henry Royce）是一位杰出的工程师（图 1-24）。1904 年的春天，他俩在火车上相遇，想生产一部真正属于英国人自己的车的心愿使他们结缘。

1906 年 3 月，劳斯莱斯汽车公司正式成立。1907 年，劳斯莱斯汽车公司推出了第一种劳斯莱斯品牌的汽车——银幻（Silver Ghost）（图 1-25）。

图 1-24　亨利·罗伊斯（Henry Royce）与
查理·罗尔斯（Chary Rolls）

图 1-25　劳斯莱斯"银幻"汽车
（透视图），1907 年

1911 年，为了提高产品的吸引力，劳斯莱斯公司聘请了著名雕塑家塞克斯为劳斯莱斯汽车设计了立体车标，这就是"狂喜之灵"（Spirit of Ecstasy）女神。在这之后，劳斯莱斯更加兴旺，"狂喜之灵"牢牢把握住了世界豪华轿车的皇冠。

1.3.3.2 宾利汽车

1919 年，沃尔特·欧文·本特利（Walter Owen Bentley）涉足汽车工业领域的时候，正值第一次世界大战刚刚结束，世界经济很不景气。

本特利是一名杰出的汽车设计师，1924 年他推出的一款短底盘跑车，采用 4.5L 大排量增压发动机，车速可达 160km/h，这在大多数车辆车速还不到 100km/h 的年代，无疑是个奇迹。这辆车在制造当年便当之无愧地夺得了法国勒芒 24h 耐力赛冠军，此后，在 1927—1930 这 4 年中，宾利汽车获得勒芒大赛四连冠，此纪录在以后的 20 年内一直没有被打破过。图 1-26 所示为宾利公司成立后不久推出的 3.0L 车型，是当时速度最快的生产型汽车。

1.3.4 走进意大利

1.3.4.1 菲亚特公司

1899 年 7 月，34 岁的骑兵军官乔凡尼·阿涅利（Giovanni Agneli）联合其他 8 名企业家和贵族，在意大利北部工业城市都灵建起一家汽车厂。工厂取名为"意大利都灵汽车厂"，缩写为 FIAT（菲亚特）。图 1-27 所示菲亚特公司 1899 年生产的微型车。

图 1-26 宾利 3.0L 型车，打破了
当时大多数的耐久与速度赛纪录

早期菲亚特公司的车型基本上都是豪华跑车，1912 年开始转向大众化的小型车，当年便造出了自己的第一辆小型车——"Zero"，这代表着菲亚特从头开始的愿望。"Zero"汽车是欧洲小型车的先驱之一（图 1-28）。1919—1926 年，菲亚特推出了 501 型厢式汽车，这款装用 1.4L 发动机的箱式车在国际市场上获得极大成功，产量超过 45000 辆，是决定菲亚特历史走向的重要车型，也奠定了其在小型车市场上的地位。

图 1-27 菲亚特 1899 年微型汽车，该车是世界上第一辆微型车，其功率仅 2.2~4.4kW

图 1-28 菲亚特 1912 年推出的 Zero 汽车，该车拥有 4 缸发动机，功率为 22kW

1.3.4.2 兰西亚公司

文森佐·兰西亚（Vincenzo Lancia）生于 1881 年，曾在菲亚特公司担任工程师兼赛车手（图 1-29）。1906 年，兰西亚离开菲亚特公司，在都灵开设了自己的汽车工厂——兰西亚公司。1907 年，兰西亚 1 号车问世，取名为阿尔发（Alfa），即希腊字母的第一个字母，从此开始用希腊字母来命名其产品。

1922 年，兰西亚开始生产兰伯达（Lambda）轿车（图 1-30）。这是汽车史上一个划时代的产品，是兰西亚公司为汽车业做出的最大贡献，可以说，从兰伯达开始，汽车底盘的总体结构才固定下来。一体化的车身结构、独立的前轮悬架、承载式底盘、全钢车身，所有今日汽车的特点都第一次出现在兰伯达轿车身上。兰伯达轿车是二战前最受欢迎的产品之一，它奠定了兰西亚公司的车坛地位。

图 1-29 文森佐·兰西亚（1881—1937）

图 1-30 兰伯达 Tipo 67 轿车, 1922 年

1.3.4.3 阿尔法·罗米欧公司

1910 年, 一些意大利商人买下米兰附近日益衰落的法国达拉克（Darracq）汽车公司的装配厂, 开始生产普通轿车。后来, 工程师尼古拉·罗米欧（Nicola Romeo）买下了该公司, 公司改名为阿尔法·罗米欧汽车公司, 开始生产高档跑车和赛车。

在 1914 年, 梅罗西为阿尔法·罗米欧公司设计了世界上第一款 DOHC（双顶置凸轮轴）发动机（图 1-31）。1927 年, 维多利奥·亚诺造了第一款 6 缸发动机, 随后进一步发展了 Supercharge 机械增压、一体化气缸头、闭齿比变速器等设计。第二次世界大战后的阿尔法·罗米欧公司, 在众多名家的设计下, 为汽车史

图 1-31 梅罗西与世界第一款 DOHC 发动机

上增添了四轮碟式制动、Monocogue 安全结构车身、四轮独立悬架以及世界第一个五速变速器。

1986 年, 阿尔法·罗米欧公司被菲亚特集团收购, 并把阿尔法·罗密欧和另一个品牌兰旗亚合并组成新的"阿尔法-兰旗亚"公司, 并于 1987 年正式运作。使这个传奇品牌得以延续至今。

1.4 黄金 30 年代

1.4.1 传世佳作——克莱斯勒"气流"

20 世纪 30 年代是汽车设计的黄金时代。这一时期, 随着汽车空气动力学的发展, 汽车造型发生了根本性的变革, 涌现出许多珍品, 美国克莱斯勒汽车公司的"气流"（Airflow）牌轿车便是其中杰出的代表作。

1934 年 1 月, 在纽约汽车展览会上, "气流"牌轿车（图 1-32）首次与公众见面。展现在

人们面前的"气流"已将大部分前翼子板缩入车身两侧，前照灯也融入车身，前风窗首次采用整块曲面玻璃，进一步减小了空气阻力。而在这以前的近40多年里，汽车均为厢式汽车，前翼子板和前照灯都是独立布置的。另外，"气流"瀑布状倾斜布置的散热器通风罩栅，使其流线型车身更显流畅，车内装有8缸发动机，功率可达110.3kW。

"气流"的出现带给了人们太多的惊喜，但是并没有给克莱斯勒公司带来多大效益。

图1-32 "气流"牌轿车，1934年

"气流"的外形设计超越了时代的欣赏能力，看惯了传统箱式汽车的人们，对这一带有革命性的变革一时还难以接受，因此"气流"的销路一直没有很好地打开。但它的出现使人类在汽车空气动力学领域迈出关键一步，为后来的"甲壳虫"等流线型汽车的出现奠定了基础。

1.4.2 "前驱"先锋——雪铁龙

雪铁龙（Citroen）汽车公司创建于1919年，创始人安德烈·雪铁龙（Andre Citroen）早在1913年就在法国巴黎成立了一家齿轮公司，并有创意地设计出人字形齿轮。

1919年6月，第一辆雪铁龙A型车问世（图1-33），这是欧洲第一辆采用流水线方式生产的汽车。

1933年，雪铁龙公司设计出了发动机前置前轮驱动的汽车，这一简单结构的创新，在汽车发展史上具有里程碑的意义。

1934年4月18日，世界上第一辆采用前轮驱动的汽车Citroen Traction Avant轿车向世人揭开了它神秘的面纱（图1-34）。前轮驱动、全钢承载式车身、液压制动系统、扭杆弹簧、独立悬架、齿轮条式转向机构以及顶置气门发动机，几乎是划时代的设计。

图1-33 雪铁龙A型汽车，1919年

图1-34 Citroen Traction Avant轿车，1934年

1.4.3 汽车联盟——奥迪的起源

1933年，费迪南德·波尔舍（Feridinand Porsche）受政府之命组建了汽车联盟车队，由奥迪（Audi）、霍希（Horch）、万德勒（Wanderer）和DKW 4家公司组成，用四环标志表示4家公司紧密地联合。图1-35所示是奥迪公司创始人阿古斯特·霍希（August Horch）。

汽车联盟成立之后，便推出了让其名声大振的银箭 A 型赛车（图 1-36，由波尔舍设计）。

第二次世界大战结束后，汽车联盟的生产设施被苏联占领军没收并拆除。1948 年，该公司从开姆尼斯市的登记名册上被删除。

图 1-35　阿古斯特·霍希
（August Horch）

图 1-36　1934 年的银箭 A 型赛车在柏林的
阿瓦斯（Avus）赛道上

1949 年 9 月 3 日，新的汽车联盟股份有限公司（Auto Union GmbH）在英戈尔斯塔特成立，它是今天的奥迪汽车公司的前身。

1.4.4　宝马雄风

1928 年，宝马公司成功收购了 Eisenach 汽车制造厂，开始生产汽车。1929 年，第一辆 BMW 汽车——BMW 3/15PS DA2 诞生（图 1-37）。

1933 年 2 月 11 日，第一辆真正的宝马汽车 BMW 303 问世（图 1-38）。它前面的两块"肾"形的散热器通风罩栅，一直被日后的宝马汽车沿袭，现在双肾形格栅已成为宝马汽车的另一个明显标志。

图 1-37　BMW 3/15PS DA2 汽车，1929 年

图 1-38　BMW 303 汽车，1933 年

1934 年，宝马推出了自己的第一辆跑车 BMW315/1。1936 年宝马公司推出更为强劲的 BMW328 跑车（图 1-39），它被誉为世界上第一辆真正的跑车。与以前的跑车相比，BMW 328 跑车首次采用流线型车身，故具有划时代意义。

图 1-39　BMW 328 跑车，1936 年

1.4.5　战场上的勇士——JEEP

1940 年 7 月 11 日，美国军方向 135 个制造商发出了研制一种轻型侦察车的招标说明书。招标书在当时极富挑战性，大多数公司望而却步，只有班塔姆（Bantam）、威利斯（Willys-Overland）、福特（Ford）三家公司投标。

班塔姆公司聘请来自底特律的 Karl Probst 工程师和他的 PSM 设计室承担设计。1940 年 9 月 21 日，手工制造的第一辆样车完工，被称作 Bantam BRC（班塔姆侦查车）或 Blitz Buggy（闪电汽车）（图 1-40）。经过试验，军方宣布：车辆动力充沛，满足了所有的招标要求。

1940 年 11 月 11 日，威利斯公司的样车——Willys Quad 汽车完成（图 1-41）。同年 11 月 23 日，福特汽车公司的样车——Ford

图 1-40　Bantam BRC，1940 年

Pygmy（侏儒）汽车（图 1-42）完成。两辆样车都顺利地通过了军方试验。军方要求 3 家公司根据试验结果对样车进行改进。经过改进后，分别定型为：Bantam BRC 40、Willys MA、Ford GP（General Purpose 多用途）。图 1-43 所示为 1941 年定型后的样车在进行军方试验。

图 1-41　Willys Quad 汽车，1940 年

图 1-42　Ford Pygmy 汽车，1940 年

3 种车各有优点，军方都难以割舍。因此，军方委托威利斯公司进行标准化设计，这种标准化的车就是 Willys MB 汽车，一代名车——JEEP（吉普）最终诞生了（图1-44）。

图 1-45 和图 1-46 所示为后来推出的著名 Jeep 产品（牧马人、切诺基）。

图 1-43　1941 年的军方试验（从左到右依次为
Bantam BRC40、Willys MA 和 Ford GP 汽车）

图 1-44　Willys MB 汽车，1942—1945 年

图 1-45　Jeep Wrangler 汽车，1987 年

图 1-46　Jeep Grand Cherokee Laredo 汽车，1993 年

1.4.6　"寿星"甲壳虫

　　为了生产国民车，德国政府决定建立一个举世第一的大厂，地点就选在水路交通十分便利的沃尔夫斯堡。1938 年 5 月 26 日，大众汽车制造厂破土动工。1938 年 10 月，大众汽车有限公司在柏林正式登记注册，它的第一辆成型车就是举世闻名的甲壳虫汽车。

　　1939 年 8 月 15 日，第一辆甲壳虫汽车驶下装配线，刚刚问世的甲壳虫汽车供不应求（图 1-47）。由于第二次世界大战的爆发，普通大众拥有国民车的梦想并没有实现，甲壳虫汽车仅仅生产了 630 辆，就全面修改成军用车派上战场了。

图 1-47　大众 30 型"甲壳虫"轿车

　　第二次世界大战过后，德国的汽车厂几乎全被夷为平地，大众汽车厂毁坏严重，伊凡·赫斯特、查尔斯·拉德克利夫等几名富于进取心的英国军官接手了工厂。到 1946 年年末，月产量达到惊人的 1 万辆，大众汽车厂渐渐驶入正轨。图 1-48 所示为大众汽车公司 1947 年生产的甲壳虫汽车。

　　经过几十年的发展，甲壳虫汽车遍布了整个世界，并且在巴西和墨西哥建厂生产。1972 年，甲壳虫汽车总产量超过了 1 500 万辆，跃居世界首位，排到了福特 T 型车前面。甲壳虫汽车在欧洲一直生产到 1976 年，在墨西哥生产到 20 世纪 90 年代，总产量达 2 000 多万辆。1998 年，大众汽车公司重新推出了其全新打造的新款甲壳虫汽车（图 1-49）。新款甲壳虫汽车整体造型仍秉承了半个多世纪前的风格。

图 1-48　由保时捷设计的第一代甲壳虫汽车

图 1-49　第二代 Beetle 汽车，1998 年

1.5　战后新发展

1.5.1　贴近民众的"大众车"

第二次世界大战以后的欧洲，有钱人大都变得一贫如洗，汽车商们不得不把目光转向平民大众，各种"大众车"争相出笼。除了甲壳虫汽车以外，还有雪铁龙 2CV、雷诺 4CV、莫里斯·米诺、菲亚特的米老鼠以及宝马的鸡蛋车等，可谓是百花齐放（图 1-50）。

a) BMW Isetta

b) 莫里斯·米诺

c) 雪铁龙2CV

d) 菲亚特500D

图 1-50　贴近民众的"大众车"

在战后涌现出的众多"大众车"里面，最耀眼的明星是英国的"迷你"（Mini）汽车（图1-51）。迷你汽车借鉴了前置前驱动的设计，但作了两个重要的改进：发动机横置，变速器与驱动桥一体化，能塞进发动机室内。另外，由于发动机、变速器和驱动桥都置于前轴附近，增大了前轮附着力，改善了转向性能，提高了安全性。

"迷你"汽车的低价格吸引来了普通民众，而小尺寸却招来了不少有钱人，因为只有"迷你"汽车能让他们在拥挤的伦敦街道上穿行自如，"迷你"汽车成了第一辆"无阶级"汽车。

图1-51 小巧的"迷你"汽车

1.5.2 运动界的双雄

1.5.2.1 保时捷

1944年，费迪南德·保时捷（Ferdinand Porsche）及其子费利·保时捷（Ferry Porsche）（图1-52）把保时捷汽车公司迁到奥地利山区小城格蒙镇。为了给公司找出一条生路，费利·保时捷决定利用手中尚存的甲壳虫汽车零件制造跑车出售，这一决定带来了一代经典——保时捷356跑车的诞生（图1-53）。

图1-52 费利·保时捷

图1-53 第一辆保时捷356跑车

1947年7月，费利和公司首席工程师卡尔·拉比着手新车的设计。该项目的公司内部编号是356，这后来成为跑车的正式名字。1948年6月8日，第一辆保时捷自己的跑车正式诞生，这辆车为双座跑车，后来被称作356Number one（第一代356）（图1-54）。

1950年，保时捷汽车公司迁回位于斯图加特市祖芬豪森的保时捷汽车公司原址。同年4月，保时捷汽车公司开始在德国大批量生产356跑车，这时的356跑车改用了钢板车身，车身形式也改为2+2座，车重增加到754kg。这些被称作Number Two（第二代356）（图1-55）。

图 1-54　第一代保时捷 356 跑车，1948 年

图 1-55　第二代保时捷 356 跑车，1950 年

1953 年，为参加在墨西哥举办的卡雷拉（Carrera）泛美越野大赛，保时捷汽车公司在 356 跑车的基础上改造出两辆赛车 Type 550，后改称 550 Spyder（图 1-56）。这次比赛中，550 Spyder 赛车夺取了总成绩第 3 名，1.6L 级的第 1 名，这使保时捷的名字响彻北美，为公司打开这一巨大市场立下了汗马功劳。为纪念这一胜利，从 1954 年起，一些最高性能的特殊 356 版本被冠以卡雷拉的称号。在日后的 911 系列中，性能最棒的型号也以卡雷拉命名。

图 1-56　保时捷 550 Spyder 赛车

1.5.2.2　法拉利

恩佐·法拉利（Enzo Ferrari）（图 1-57）1898 年出生在意大利北部的摩德纳，从小喜欢汽车运动。1920 年，法拉利加入阿尔法·罗米欧车队，并为其赢得了经久不衰的声誉。

1929 年，法拉利离开阿尔法·罗米欧公司，开始组建自己的车队，第二次世界大战以后他组建了自己的公司。1946 年，在马拉内罗的法拉利工厂前，第一辆配有跳马车标的汽车——法拉利 125 赛车驶上了公路（图 1-58）。1947 年 5 月 11 日，法拉利 125 赛车第一次参加了车赛，同年 5 月下旬，它为恩佐·法拉利迎来了第一个胜利，拿下了罗马汽车大奖赛的冠军。火红的"跳马"把赛车世界带入了一个热火朝天的时代。

图 1-57　恩佐·法拉利（1898—1988）

图 1-58　法拉利赛车鼻祖——法拉利 125 赛车，1946 年

1.5.3　标新立异的凯迪拉克

通用汽车公司副总裁兼总设计师哈里·厄尔（Harley Earl）（图1-59）热衷于各种新鲜事物。他组织人员为1949年款各型汽车设计外形，并把1949年款凯迪拉克的造型任务交给了一个比他还喜欢标新立异的青年设计师——富兰克·赫尔舍（Frank Hershey）。

图 1-59　哈里·厄尔和他的作品

赫尔舍模仿飞机垂直尾翼的造型，在新款凯迪拉克汽车模型的后轮翼子板尾部，左、右各加上了一个小小的尾鳍，并把尾灯设在了上面（图1-60）。没想到这一打破常规的尝试立刻风行起来，1949年款凯迪拉克汽车打败了所有竞争对手，在市场上大放异彩。

1956年，新一代凯迪拉克75——弗利特伍德问世，它的尾鳍已明显增高、加长，且采用了全景玻璃。到了1957年，凯迪拉克 Eldorado Brougham 汽车（图1-61）的尾鳍已经演变成洋洋大观的巨型饰物了。图1-62 所示为1959年款的凯迪拉克 Eldorado Convertible 汽车。

图 1-60　凯迪拉克 Sixty Special 汽车，1948 年

图 1-61　凯迪拉克 Eldorado Brougham
汽车，1957 年

图 1-62　凯迪拉克 Eldorado Convertible
汽车，1959 年

1.5.4　纯正的美国车——林肯汽车

第一次世界大战爆发时，利兰（Henry M. Leland）组织凯迪拉克公司出色的工程师们成立了一家生产飞机发动机的新公司，并以林肯总统的名字命名。1922 年，亨利·福特以 800 万美元收购了林肯公司，他的儿子埃德赛（Edsel Bryant Forfd）任总裁。

1931 年 1 月，在汽车工业中首次采用双腔下吸式化油器的林肯 K 型车问世。1936 年，林肯和风牌（zephyr）轿车问世，标志着流线型汽车达到了实用水平。图 1-63 所示为福特汽车公司 1939 年推出的林肯 K 型车。1940 年，K 型车退出市场，此时以 zephyr 为基础推出的林肯大陆（Continental）成为公司新的主导车型。1948 年，全新豪华车型林肯 Cosmopolitan 问世，此时林肯汽车已失去了自己原有的风格。林肯 Cosmopolitan 汽车（图 1-64）成为那个时代大功率豪华汽车的代表。

图 1-63　林肯 K 型车，1939 年

图 1-64　林肯 Cosmopolitan 汽车

林肯汽车 1952 年款（图 1-65）装上了福特公司的第一种顶置气门 V8 发动机，以及全新的球形联节前悬架。这种前悬架由福特公司副总工程师麦克弗逊设计。他发明的减振杆式悬架系统，至今仍被叫作麦克弗逊式悬架。

1956 年，林肯汽车也被拖入了所谓的"尾鳍时代"。在其后的几十年中，林肯汽车不断创新，一直是豪华车家族中的佼佼者，以总统名字命名的车也成了名副其实的总统车。

图 1-65　林肯 Capri 汽车，1952 年

1.5.5　丰田的崛起

当欧洲汽车工业逐渐走上正轨的时候，在亚洲的东端，一件改变世界汽车工业格局的事件也在悄然发生——日本汽车工业开始复苏。

1933 年，纺织机生产商丰田喜一郎在他的纺织机械制作所设立汽车公司部，开始仿制雪佛兰汽车。1935 年 8 月丰田公司生产出自己的第一款汽车——装有 3.4L 发动机的丰田 A 型轿车（图 1-66），随后又制造出 G1 型货车。1937 年，丰田汽车工业公司正式成立。

1955 年，第一款真正的丰田轿车——丰田皇冠（Crown）轿车（图 1-67）举行了隆重的下线典礼。

图 1-66　丰田 A 型轿车，1935 年

图 1-67　丰田皇冠 RS 轿车，1955 年

1.6　百花争艳的年代

1.6.1　路上蛟龙——通用克尔维特

1958 年，比尔·米切尔（Bill Mitchell）接替哈里·厄尔出任通用汽车公司副总裁兼首席设计师。他是一个不拘一格的天才，正是他把一部不同凡响的杰作带到了人间。

克尔维特（Corvette）出现于 1953 年，但到 1962 年都没有根本性的变化，图 1-68 所示为 1961 年的克尔维特"灰鲭鲨"概念车。

比尔·米切尔设计的 Sting Ray 汽车（图 1-69）挽救了克尔维特的命运。它那隐蔽式的前照灯给人以新奇，而"舷窗"式的后窗则让人心旷神怡；底盘采用刚出现的 X 形支撑、梯形框架结构，赋予了其强劲的运动性能；四轮独立悬架结构降低了车桥的刚性，提高了驾驶的舒适性，Sting Ray 汽车一问世就备受人们追捧。

图 1-68　克尔维特"灰鲭鲨"概念车，1961 年

图 1-69　克尔维特 Sting Ray 汽车，1963 年

1963 年款"Sting Ray"奠定了克尔维特的历史地位，也为比尔·米切尔带来了不朽的荣誉，造就了汽车史上一个传奇式的偶像。

1.6.2　脱缰的福特"野马"

1945 年 9 月，老亨利·福特宣布退休，把总经理一职让给长孙亨利·福特二世（图 1-70）。

福特公司开始走上了快速发展的快车道，并且在 20 世纪 60 年代贡献出了战后最耀眼的一颗汽车明星——野马。

1964 年春天的纽约世界博览会上，野马汽车（图 1-71）初次露面。它那粗犷的线条，炫目的车标，瞬间便抓住了无数车迷的心。1966 年，野马汽车创下了销售 60 万辆的纪录，占北美汽车销量的 6.1%、占跑车销售的 28%。从此，一个全新的车种——多功能轻便跑车，凸现于车坛。

图 1-70　汽车王国里的最后一位专制君主——亨利·福特二世

图 1-71　福特野马汽车，1964 年

1.6.3　永远的经典——Porsche 911

20 世纪 50 年代，保时捷汽车公司开始开发自己新一代的旗舰，以代替保时捷 356 汽车。

保时捷 901 型跑车（图 1-72）于 1963 年 9 月在法兰克福车展上初次露面，直到 1964 年 10 月才大批量生产。尽管 901 型跑车只是一个内部编号，但在巴黎车展上，它引起了标致公司的注意。标致公司从 1929 年起就使用中间为"0"的 3 位数码作为产品编号，他们认为保时捷的编号是一种抄袭行为。于是，1965 年起，保时捷把产品编号改为 911。

图 1-72　保时捷 901 型跑车，1964 年

911 型跑车一上市便好评如潮，不仅因为它的水平超越了它的同辈，它的设计思想也远远领先于那个时代。911 型跑车直至今日仍是世界上最受推崇的跑车之一。

1.6.4　宝马复兴

20 世纪 50 年代末，由于宝马 507 跑车销售失败，宝马汽车公司濒临破产。心有不甘的大股东奥地利电池大王赫尔伯特·昆德（Herbert Quandt）联合小股东否决了合并计划，并出资扩大宝马汽车公司的资本，使新一代宝马车顺利面市。

图 1-73　宝马 1500 汽车，1961 年

宝马 1500 汽车于 1961 年在法兰克福登台亮相，并立即成为展会上最靓的明星（图 1-73）。宝马 1500 汽车的造型轻快活泼、富有动感，成为 20 世纪五六十年代汽车外形的分水岭。四缸 1.5L 发动机强劲又低耗，保证了车辆性能，又未给车主带来负担，正适合经济恢复中德国的需要。1500 汽车拯救了宝马汽车公司，并衍生出几十款车型，是宝马 3 系列的鼻祖。

1.6.5　本田的转变

1946 年，本田宗一郎创立了"本田技术研究所"，1947 年开始生产本田 A 型摩托车，1962 年正式开始生产汽车。1965 年 F1 大赛的墨西哥站上，本田摘得了它的第一个 F1 桂冠，打破了欧洲车队对 F1 冠军的垄断。

本田赛车的成功推动了本田跑车的销售。1962 年，本田汽车公司推出的 S360 跑车（图 1-74）大受欢迎。

20 世纪 60 年代后期，美国国会通过了"空气清洁法"。1971 年，本田汽车公司的 CVCC 低污染发动机研制成功，成为第一种达标"空气清洁法"的汽车发动机。1972 年，装用 CVCC 发动机的本田思域（Civic）轿车（图 1-75）同时在日本和美国荣登畅销车榜。

图 1-74　本田 S360 跑车

图 1-75　本田思域轿车，1972 年

1.6.6　飞车时代——20 世纪 60 年代的意大利车坛

20 世纪 60 年代的意大利车坛异彩纷呈。兰博基尼诞生，法拉利、玛莎拉蒂转轨，乔治亚罗和甘迪尼崭露头角，米拉、戴托纳、基普利名震全球。当美国人在气缸排量上较劲时，意大利人用技术和艺术的完美结合征服了世界。

1961 年，弗鲁西欧·兰博基尼（Ferruccio Lamborghini）在跑车之都摩德纳（法拉利、玛莎拉蒂所在地）建造工厂，正式成立了兰博基尼汽车公司。当年，兰博基尼汽车公司第一辆车——350GT 汽车便一炮打响。但真正令兰博基尼享誉世界的是 3 年后问世的米拉（Miura）汽车（图 1-76）。

从米拉汽车开始，楔形造型成为所有超级跑车的标准造型。

在兰博基尼汽车公司崛起的同时，法拉利汽车公司和玛莎拉蒂汽车公司开始了从赛场到市场的转变。

图 1-76　兰博基尼米拉汽车，1966—1973 年

菲亚特集团在 1969 年收购了法拉利汽车公司的大部分股权，恩佐·法拉利的条件是菲亚特总部不插手法拉利汽车公司的一切赛车事务。在恩佐转售股权的同时，法拉利汽车公司的经营逐步转轨，从一家兼营小批量汽车制造的赛车俱乐部，转变为热衷于车赛的汽车生产商。这个转变在 20 世纪 60 年代基本完成，这期间法拉利汽车公司推出了 3 部名作：法拉利 275GTB/4 汽车（图 1-77）、365GTB/4 汽车和迪诺（Dino）246GTB 汽车（图 1-78）。

图 1-77　法拉利 275GTB/4 汽车，1966 年

图 1-78　法拉利迪诺 246GTB 汽车，1972 年

1968 年，新一代公路之王法拉利 365GTB/4 汽车（图 1-79）在巴黎掀开面纱，新车的性能引来一片赞叹之声。从 1968 年到 1973 年，法拉利 B65GTB/4 汽车总共生产了 1426 辆，创下了法拉利车生产时间和产量的纪录，它也为公司日后的发展开拓了道路。

另一家历史比法拉利更悠久的汽车厂——玛莎拉蒂（Maserati）同样面临着

图 1-79　法拉利 365GTB/4 汽车，1968 年

从赛场转向市场的艰巨任务。1966 年，玛莎拉蒂的基普利（Ghibli）跑车与兰博基尼的米拉跑车同年登场。基普利跑车（图 1-80）有着近似平尼法连那的风格——圆滑而丰满，具有高度流线化的外形，既漂亮又富有动感。

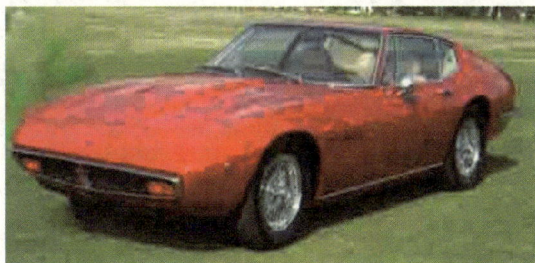

图 1-80 基普利跑车

1.6.7 英国汽车业的没落

20 世纪 60 年代是英国汽车史上失落的 10 年。10 年间英国各家公司忙于联合、兼并或被别人吞并，而整个英国汽车工业却江河日下。

1961 年，利兰（Leyland）汽车公司与标准—凯旋（Triumph）汽车公司合并，1966 年，又买下路虎（或译罗孚，Rover）汽车公司。同一年，本身就是由莫利斯（MG）公司和奥斯汀（Austin）公司合并而成的英国汽车公司（BMC）与捷豹（Jaguar）公司联合，组成英国汽车控股公司（BMH）。1968 年，在英国政府的推动下，利兰公司与英国汽车控股公司携手，成立了英国利兰汽车公司，除劳斯莱斯公司外，实现了民族汽车工业的大一统局面，似乎充满了希望。但实际上，这些联合都是联而不合，既未实现科学的改组，也没能进行统一的管理，不久英国汽车工业又走上了下坡路。

1.7 石油危机以后的汽车世界

1.7.1 向节能汽车的转型

在两次世界性石油危机中，全球各国的汽车工业均受到了不同程度的影响，尤其像美国这样崇尚大排量汽车的国家，不仅导致了总体产量的下滑，甚至危及一些汽车公司和汽车品牌的生存。为减少对海外石油的依赖，保障国家安全，1975 年，美国国会通过了"能源政策与储备法"，制定了强制性的《轿车平均燃料经济性标准》。曾经风光无限的美国"劲车"，成为往日的回忆。

底特律三巨头中的克莱斯勒公司最先坚持不下去了，开发了前轮驱动的小型车。这种车非常成功，它的油耗率达到了日本汽车的标准，在市场上受到热烈欢迎。它挽救了克莱斯勒汽车公司，创造了美国企业史上的一个奇迹。福特和通用也匆忙跟上，相继推出自己的前轮驱动小型车。福特汽车公司引进欧洲福特的护卫者（Escort）车型，号称美国最成功的小型车。同时，美国政府的出面迫使日本自动限制在美汽车销售，底特律三巨头总算摇摇摆摆挺了过来。

同期的欧洲汽车也为降低油耗做着各种努力：奥迪汽车在新产品 80 轿车上下足了省油的功夫，最终公司依靠这种车型使损失降至最低；奔驰公司则着力研究汽车代用能源使用技术，例如乙烷、甲烷、混合燃料等。英国 BMC 公司为了应对石油危机设计了"迷你"品牌，它不但省油，而且价格低廉、经济实惠，成了不少普通百姓的首选。

两次石油危机给日本汽车工业带来快速发展的良机。进入 20 世纪 70 年代，省油的日本小型轿车出口量骤增，丰田、日产、富士重工、铃木等公司迅速成为世界级的汽车生产厂。

1.7.2 世界汽车工业格局及走向

从 20 世纪 90 年代后期起，汽车产业随着全球化的发展，掀起了资产重组、联合兼并的浪潮。经过几年的演变，至 20 世纪末世界汽车工业已基本形成了"6+3"竞争格局。"6"指的是通用-菲亚特-铃木-富士重工-五十铃集团、福特-马自达轿车集团、戴姆勒-克莱斯勒-三菱集团、丰田-大发-日野集团、大众-斯堪尼亚集团、雷诺-日产-三星集团；"3"指的是相对独立自主的本田、标致-雪铁龙（PSA）和宝马（BMW）汽车公司。

随着 2008 年世界金融危机的爆发，美国三大汽车公司一度陷入困境，排位靠前的三大集团逐渐分崩离析，"6+3"格局已经不复存在，逐渐被"7+2"取代。即 7 大品牌的汽车集团，通用-上汽、福特-马自达-长安、丰田-富士重工、大众-铃木、标致雪铁龙-宝马、雷诺-日产-戴姆勒、菲亚特-克莱斯勒-三菱；2 大汽车集团，本田和现代起亚。其中，包含国内车企的通用-上汽、福特-马自达-长安组合，首次进入全球产业联盟之中。

伴随着改革开放，中国汽车工业快速崛起。到 2009 年，中国汽车产销分别为 1379 万辆和 1364 万辆，中国汽车产销量首次居世界第一位。2020 年，在新冠疫情突然暴发和全球蔓延的严酷环境下，我国汽车产销分别为 2522.5 万辆和 2531.1 万辆，占全球年产量的45.2%，年产销量连续 12 年蝉联全球第一。随着中国自主汽车品牌的发展壮大，抓住汽车电动化、智能化、网联化和共享化的新发展机遇，中国汽车工业在世界汽车工业格局中必将占据越来越重要的地位。

思考题

1. 简述尼古拉斯·奥托、菲利克斯·汪克尔、鲁道夫·狄塞尔各自在内燃机发明方面的主要成就。
2. 福特公司开发出世界上第一条装配流水线对于汽车工业有什么意义？
3. 试例举 3 家古老汽车公司的创业经历，并简要分析其发展壮大历百年而不衰的主要原因。

第 **2** 章

中国汽车工业的创业与发展

在汽车发明的时代，中华民族正惨遭世界列强瓜分和欺凌。新中国成立后，中国人民发愤图强，逐步建立了自己的民族汽车工业。改革开放以来，我国汽车工业迅速发展，民族汽车品牌不断涌现。面对汽车新技术革命的发展机遇和挑战，中国正逐步从世界汽车生产大国迈入汽车制造强国的行列。

2.1 中国汽车工业的创业

1928 年底，张学良在沈阳迫击炮厂内筹办民生工厂制造汽车。当时的民生厂计划制造两种型号的载货汽车，一种是适用于城镇道路行驶的民生 75 型，另一种是适用于道路条件较差地区的民生 100 型。

1931 年 5 月，国产民生牌 75 型载货汽车（图 2-1）问世，这辆车采用 65 马力、6 缸汽油发动机，液压制动，装载量为 1816kg，最高车速为 64km/h。该车除发动机、电气设备及后桥等系外购以外，其他均为自制，是旧中国制造的第一辆汽车。

图 2-1 旧中国国产第一辆汽车——
民生牌 75 型载货汽车

2.1.1 新中国汽车工业的起步

新中国成立以后，党中央开始筹划建立中国自己的汽车工业。1950 年，中央政府重工业部成立了以郭力、孟少农、胡云芳等人组成的汽车工业筹备组。1951 年，孟少农到长春考察后将第一汽车制造厂（简称一汽）的厂址选定在长春西南的孟家屯。1952 年，中央政治局讨论、确定了一汽的建设方针，并任命年仅 40 岁的饶斌为第一任厂长、孟少农为副厂长兼总工程师。1953 年 7 月 15 日，一汽举行了隆重的奠基典礼，奠基石上镌刻着毛泽东主席亲笔题写的"第一汽车制造厂奠基纪念"（图 2-2）。

图 2-2 毛泽东主席为一汽
奠基纪念的题词

1956 年 7 月 13 日，一汽建成投产，总装线装配出了新中国第一辆解放牌汽车（图 2-3），中国不能制造汽车的历史宣告结束。

1958 年，一汽生产了我国第一辆越野车——解放 CA30 型越野车（图 2-4），它的诞生彻底扭转了我国军用汽车完全依靠进口的局面。

1958 年 5 月，中国第一辆自己制造的轿车在一汽问世，车名取为带有时代色彩的"东风"。其车身设计参考国外样车并采用某些具有中国传统特点的造型：车头标志是一条镀金的龙，尾灯是仿中国宫灯造型，内饰采用中国的名贵织锦。"东风"轿车现仅存一辆，收藏在长春第一汽车制造厂样品库。

1958 年 7 月，高级轿车项目正式启动，一汽以 1955 型的克莱斯勒高级轿车作参照，根据自己民族的特色，仅用了 33 天的时间制造出了第一辆红旗牌高级轿车。

第一辆红旗 CA72 轿车（图 2-5）具有浓厚的民族特色，车标为一面飘扬的大红旗，外观采用了扇形的进气格栅，雕琢了梅花的转向灯罩及宫灯型尾灯灯腔，轮罩外圈采用了云纹图案，车身翼子板一侧标有并排的 5 面小红旗，分别代表"工、农、商、学、兵"。

图 2-3　第一辆解放牌 4t 载货汽车
在第一汽车制造厂下线

图 2-4　我国第一辆国产越野车——
解放 CA30 型越野车

图 2-5　红旗 CA72 第一辆样车——CA72-E 轿车

1959 年 8 月，红旗轿车 CA72 正式投产。1959 年国庆前夕，一汽将首批质量过关的 30 辆红旗 CA72 高级轿车和 2 辆红旗检阅车送往北京，并挑选出 10 辆在天安门广场展示（图 2-6），引起全国轰动。

图 2-6　红旗 CA72 轿车在天安门广场展览

1960 年初，红旗 CA72 轿车（图 2-7）参加了莱比锡国际博览会和日内瓦展览会。1964 年，三排座的红旗 CA770 轿车（图 2-8）正式投入批量生产，俗称"大三面"。

1969 年，专为中央领导乘坐的具有防弹功能的红旗 CA772T 轿车（图 2-9）下线。

图2-7　红旗 CA72 轿车

图2-8　红旗 CA770 轿车

1981 年 5 月 14 日，《人民日报》登出了红旗轿车停产令：红旗牌高级小轿车因耗油较高，从当年 6 月起停止生产。

1983 年，一汽收到了制造全新红旗检阅车的任务，用于新中国成立 35 周年庆典。1984 年 8 月 25 日，全新红旗检阅车试制成功。全新红旗检阅车（图 2-10）基于红旗 CA770 打造，动力系统没有变化，主要对 CA770 的内饰和车顶进行改装，车顶中部可以打开，国家领导人可以站在车内中间。

图2-9　红旗 CA772T 轿车

图2-10　国庆阅兵车——红旗 CA770TJ，1984 年

2.1.2　新中国汽车工业的先驱

中国汽车工业的创业史是亿万中国人民艰苦创业史诗的一个光辉篇章。饶斌、郭力、孟少农、张逢时、陈祖光、宋敏之、方劼、张兴业、李刚等，发扬"自力更生，艰苦奋斗"的精神，是中国汽车工业开拓者的杰出代表。

1. 饶斌

饶斌（图 2-11）出生于吉林省吉林市，是中国汽车工业的主要奠基人和杰出开拓者。1937 年 9 月加入中国共产党，曾任抚顺市委书记、吉林市委书记、哈尔滨市市长等职，1953 年到长春任一汽厂长，仅用 3 年时间，就建成了中国汽车工业的摇篮——第一汽车制造厂，结束了中国不能制造汽车的历史。

图2-11　饶斌（1913—1987）

1964年，饶斌受命主持创建二汽。二汽筹建之初，饶斌根据一汽的经验，制定了建厂方针：坚持自力更生、自我武装，用"全国聚宝"的方法，由全国的汽车和机械制造企业包建各个分厂，形成系统的现代化汽车制造企业。这为二汽的成功建设奠定了基础。

1982年，饶斌出任新成立的中国汽车工业公司第一任董事长。他提出了汽车工业调整改组和发展规划，组织引进先进技术，加速产品换代，解决了汽车工业"缺重少轻、轿车空白"的局面。

2. 孟少农

孟少农（图2-12）原名庆基，祖籍湖南省桃源县仙人乡，是汽车设计制造专家、中国科学院学部委员、中国汽车工业的创始人之一、汽车技术领域的奠基人。他成功地领导了中国第一汽车制造厂、陕西汽车制造厂和第二汽车制造厂几代产品的研制和开发，为我国汽车工业的发展做出了重要贡献。

中华人民共和国成立后，孟少农任长春第一汽车制造厂总工程师、副厂长。在这期间，他组织主持技术引进和人员培训，为一汽按时投产做出了卓越贡献。在一汽期间，他还倡导建立了长春汽车学校和长春汽车拖拉机学院（即后来的吉林工业大学）。

图2-12 孟少农
（1915—1988）

1971年5月，孟少农调到陕西汽车制造厂主管技术工作。他针对陕西汽车厂的产品发展问题，大胆改革设计，使延安250军用越野车于1973年通过国家定型，成为全国最好的车型之一。

1978年，孟少农由陕汽转战到了二汽，主持对"东风"牌5t车的质量问题攻关，解决了64项产品重大质量问题。在二汽期间，主持创建了湖北汽车工业学院，为中国汽车工业培养了大批技术和管理人员。

3. 郭力

郭力（1916—1976）出生于河北省河间市，是中国汽车工业杰出的奠基者，20世纪50年代初曾任重工业部汽车工业筹备组主任和一汽厂长，20世纪60年代初负责筹建第一代中国汽车工业公司并任经理，后又任机械工业部副部长。

1952年4月，郭力被任命为长春汽车厂（代号652厂）厂长，开始了他人生一个新的历程。郭力认为，建设汽车厂需要地方政府的支援，调一位熟悉东北情况的干部当厂长，自己做副手，能加快工程进展。于是他亲赴沈阳和北京，向东北局和党中央汇报。中央同意了他的请求，调饶斌同志担任厂长。

1959年末，郭力重新走上厂长岗位。面对被"大跃进"打乱的生产秩序和严峻形势，他作出了一系列后来均被实践证明是极其正确的重要决策，其中包括将工作的重点和主要力量有计划、有重点地转向企业整顿，使一汽从一度停产到恢复生产，逐步走上正轨，为后来年产6万辆汽车打下了牢靠的基础。

1964年8月，郭力赴北京，在原汽车局的基础上筹建中国汽车工业公司。他借鉴国外经验，根据中国国情，主持起草了《汽车托拉斯的组建报告》。1965年1月，郭力被正式任命为一机部副部长兼中国汽车工业公司总经理。

4. 陈祖涛

陈祖涛（图 2-13）是中国汽车工业杰出的奠基者之一。

陈祖涛 1951 年毕业于苏联鲍曼工学院；1953 年 9 月任第一汽车制造厂驻苏代表；1955 年回国，担任一汽生产准备处副处长、工艺处副处长、处长；后任"长春汽车工厂设计处"处长兼总工程师；20 世纪 60 年代初期，参与设计和建设"红旗"轿车、军用越野车两个生产基地；1962 年至 1965 年间，参加川汽、北汽、南汽、济汽、沈汽、北内、长拖等大型专案的规划设计等工作；1964 年，参加二汽建设，担任二汽总工程师、技术副厂长；1972 年至 1980 年，重新在二汽主持技术工作，任第一任总工程师、技术副厂长；1981 年起参加筹建中国汽车工业总公司，历任总工程师、副总经理、总经理；1982 年，担任中国汽车联合会理事长，主持全国汽车工业发展工作；1988 年起，担任国家科委专职委员，参与国家经济开发区的设立工作，关注汽车行业进展。

图 2-13　陈祖涛
（1928—）

2.2　中国主要汽车（集团）公司及其品牌

2.2.1　中国第一汽车集团公司

中国第一汽车集团公司简称"中国一汽"或"一汽"，前身是 1953 年创立的第一汽车制造厂，1956 年建成并投产，制造出新中国第一辆解放牌货车，1958 年制造出新中国第一辆东风牌小轿车和第一辆红旗牌高级轿车。2017 年 11 月，公司完成集团公司制改制，更名为中国第一汽车集团有限公司。2020 年，中国第一汽车集团公司实现整车销售 370.6 万辆，营业收入 6974.2 亿元，位居《财富》世界 500 强第 89 位，中国企业 500 强第 21 位。

2.2.1.1　一汽轿车股份有限公司

一汽轿车股份有限公司是一汽的控股子公司，是一汽发展自主品牌乘用车的核心企业。其主要产品有红旗品牌系列轿车、奔腾轿车、欧朗轿车和马自达等系列轿车。

自主是企业立身之本，创新是企业进步之魂。红旗轿车作为一汽的自主品牌，从一诞生就成为我国高级领导配备用车和迎宾用车，也是党政领导人检阅用车，已成为久负盛名的世界经典名车。红旗轿车系列包括"红旗旗舰""红旗世纪星""红旗盛世"和"红旗明仕"等品牌。

红旗 HQE 是一款高端 D 级车型，是一汽献礼国庆 60 周年庆典的车型。该车概念型（图 2-14）亮相"2005 年上海国际车展"引起巨大轰动，并获得车展"概念车大奖"。

2006 年，红旗品牌推出全新产品红旗 HQ3 轿车（图 2-15），是我国第一款自主品牌的高端豪华轿车，是一汽采取开放式自主开发模式，以高端质量、高度安全、全面舒适作为开发理念，精心打造的尊贵豪华车型。

图 2-14　红旗 HQE 概念车

图 2-15　红旗 HQ3 轿车

红旗 HQ3 配备两款发动机，且均采用全铝合金轻量化设计，采用双 VVT-i 技术，可以精确控制不同工况下的空气和燃料的混合比，使缸内燃烧更为充分，动力输出顺畅平滑，从而有效提高了发动机的动力性能，并减少油耗。配置上，该车除了拥有 EPS 智能化的电动助力转向系统、ABS、EBD、VSC（车辆稳定性控制系统）、TRC（牵引力控制系统）、HAC（上坡辅助控制系统）等一系列高科技电子装备，还配备了夜视系统、主动避撞系统、车速投影显示、智能自适应前灯系统（AFS）、倒车引导系统、轮胎气压报警系统、前排安全带报警系统等安全辅助系统。

2012 年 7 月 15 日，一汽在建厂 59 周年之际，推出了大红旗 H7 轿车（图 2-16）。大红旗 H7 轿车从概念设计到工程设计全过程自主开发，拥有完全自主知识产权。

图 2-16　大红旗 H7 轿车

2014 年北京车展上，红旗 L5 轿车（图 2-17）正式亮相。红旗最新的 L 系列都沿袭了国庆检阅车 CA7600J 的经典式设计，采用了复古味道十足的头脸设计，圆形前照灯、巨大的镀铬格栅以及车头中央的红旗标等，整车风格大气且稳重。图 2-18 所示为红旗 L9 轿车。

图 2-17　红旗 L5 轿车

图 2-18　红旗 L9 轿车

在 2015 年上海车展上，命名为红旗 LS5（图 2-19）量产版的红旗 SUV 惊艳亮相。LS5 SUV 搭载两款自主研发的 3.0L 机械增压直喷发动机和 4.0L 双涡轮增压发动机，匹配 8 速手自一体变速器、全液晶仪表、高低可调的空气悬架、大尺寸触控液晶屏、全电容触摸板的运用，完美诠释科技与豪华。

图 2-19　红旗 LS5 SUV

奔腾系列轿车是一汽轿车 2006 年推出的国内首款高端自主品牌的中级轿车。其造型沉稳健硕、动力充沛澎湃，是一款性能卓越、品质超群的商务轿车。2011 年 10 月，奔腾 B70 轿车（图 2-20）荣膺入门高档中型车新车品质第一名。2012 年 8 月，全新中高级旗舰奔腾 B90 轿车正式上市。

2012 年 3 月，一汽轿车全新时尚品牌——欧朗轿车（图 2-21）下线，并于 4 月的北京车展正式亮相上市。

图 2-20　奔腾 B70 轿车

图 2-21　欧朗轿车

2013 年 5 月，奔腾品牌首款 SUV 车型——奔腾 X80 上市（图 2-22）。2018 年 11 月奔腾 T77 在广州车展上展出，2019 年 11 月"大五座智慧旗舰 SUV"奔腾 T99（图 2-23）正式上市。奔腾目前已形成一汽奔腾 T33、奔腾 T55、奔腾 T77、奔腾 T99 全新 T 系列 SUV。

图 2-22　奔腾 X80 SUV

图 2-23　奔腾 T99 SUV

自 2015 年以来，一汽陆续开发出红旗 H5、红旗 H9、红旗 H9+等款高级轿车，红旗

HS5、红旗 HS7 等款运动型高级轿车，以及红旗 E-HS3、红旗 E-HS5、红旗 E-HS9 等款新能源运动型高级轿车，各款车型以其豪华、舒适、至尊获得海内外广泛赞誉。

2.2.1.2 一汽大众汽车有限公司

一汽大众汽车有限公司于 1991 年 2 月 8 日正式成立，位于长春市西南部，是由中国第一汽车集团公司和德国大众汽车股份公司、奥迪汽车股份公司及大众汽车（中国）投资有限公司合资经营的大型乘用车生产企业，是我国第一个按经济规模起步建设的现代化乘用车工业基地。公司主要生产大众集团旗下大众和奥迪两大品牌。

2008 年，北京国际汽车展览会上新宝来轿车（图 2-24）全球首发，成为本次车展上最为闪耀的明星。这是一汽大众专为中国消费者打造的一款全新 A 级轿车。该车应用了德国大众全新的设计理念，并对中国消费者需求精确把握，完美地将德国大众的品质与中国元素相结合，具有优雅的外形、卓越的品质。如今这款中西合璧的完美中级轿车已经走入中国消费者的日常生活中，成为中国消费者又一理想选择。

图 2-24 新宝来轿车

2009 年底，高尔夫 6 轿车（图 2-25）的上市是 Golf 在中国的一个里程碑。它在 PQ35 与 PQ46 平台合并的基础上强调模块化概念，同时搭载 1.4TSI 缸内直喷涡轮增压发动机和双离合变速器，动力性十足且几乎没有换档顿挫，可使驾驶者充分体验驾乘乐趣。为了满足大众需求，部分第六代 Golf 搭载了 1.6L 发动机。

2010 年，一汽大众汽车公司将 CC 轿车引入中国，这款定位"优雅动感的高级轿车"在竞争激烈的 B 级车市场成功开辟出了一个全新的细分领域。2013 年 7 月，一汽大众新款 CC 轿车（图 2-26）正式上市。它扩展延伸了大众品牌的精神内涵，充分展示大众汽车深厚的设计功力，将跑车风情融入高级轿车，成为一种优雅生活态度、高品质生活理念的代表。

图 2-25 高尔夫 6 轿车

图 2-26 大众 CC 轿车

2.2.1.3 天津一汽夏利汽车股份有限公司

1997 年 8 月 28 日，天津汽车夏利股份有限公司成立。2002 年，天汽集团和一汽集团签订联合重组协议，天津汽车夏利股份有限公司更名为"天津一汽夏利汽车股份有限公司"，简称"天津一汽"。公司的主要产品有威志（图2-27）、夏利A系列（图2-28）、夏利N系列（图2-29）、威姿、威乐、威志V2，以及天内牌系列汽车发动机、天齿牌变速器等产品。天津一汽主要对象是中国家庭，提供更加安全、节油、环保的"买得起、用得起"的国民车。

图2-27 威志轿车

图2-28 夏利A系列轿车

图2-29 夏利N系列轿车

2014年9月，"骏·享·荣耀 众志成城"骏派D60轿车下线仪式在天津一汽丰田样板工厂——华利工厂隆重举行。随着骏派D60轿车（图2-30）缓缓驶下生产线，标志着骏派D60已实现批量生产。

2016年8月，主题为"型动·心动 荣耀共鉴"的骏派A70下线仪式在骏派品牌专属华利工厂盛大启动，汽油版骏派A70轿车（图2-31）和纯电动版骏派A70E电动汽车（图2-32）驶下生产线，正式加入骏派品牌的产品阵营。这也标志着骏派产品即将进军市场广阔的A级车市场及广被看好的电动车市场。

图2-30 骏派D60轿车

图2-31 骏派A70轿车

图2-32 骏派A70E电动汽车

2.2.1.4 一汽解放汽车有限公司

一汽解放汽车有限公司成立于2003年1月，是以原第一汽车制造厂主体专业厂为基础，以中国第一汽车集团公司技术中心为技术依托组建的中重型载货车制造企业。公司主导产品是解放品牌的中重型系列载货汽车，具有完全自主知识产权，产品涵盖牵引车、自卸车、载货车、轻型货车、重型货车、搅拌车、邮政车等500多个品种。图2-33所示为其生产的两款重型货车车型。

a) 解放J6P型6×4牵引车   b) 奥威J5P型自卸车

图2-33 一汽解放的两款重型货车

2.2.2 东风汽车集团股份有限公司

1969年9月，国家投资10多亿元在湖北十堰开始兴建我国的"第二汽车制造厂"（简称二汽）。1975年6月，二汽建成第一个基本车型为东风EQ240型2.5t越野汽车（图2-34）的生产基地。1978年7月15日，东风EQ140型5t载货汽车（图2-35）投入生产。第二汽车制造厂的建成投产，是中国汽车发展史上一个重要里程碑，它说明中国汽车工业已发展到能自行设计制造汽车并且自己设计建造汽车厂的阶段。

20世纪80年代以来，大量外国汽车涌入中国，严峻的现实迫使二汽人确立了自己的奋斗目标——以优质的产品和卓越的服务占领汽车市场。他们先是在全国建立了服务站，1986年4月1日，更是作出了一项震惊中外企业界的决定：对售出的所有汽车实行免费强制维护，深得用户称赞。

图2-34 东风EQ240型2.5t越野汽车   图2-35 东风EQ140型5t载货汽车

1981年4月，由二汽牵头成立了东风汽车工业联营公司，1992年9月1日，集团更名为东风汽车集团。

进入 21 世纪以来，东风汽车集团股份有限公司确立了"融入发展，合作竞争，做强做大，优先做强"的发展战略，即在国际合作中"做大做强并优先做强"，使东风具备国际竞争能力。

2014 年 2 月 18 日，东风汽车集团股份有限公司、法国政府、标致家族旗下控股公司和标致雪铁龙集团（称 PSA）各方正式签署谅解备忘录。东风汽车集团股份有限公司和法国政府有意分别注资约 8 亿欧元入股 PSA，标致家族旗下控股公司也参与增资。至此，东风汽车集团、法国政府与标致家族旗下控股公司将成为 PSA 并列第一大股东，三方分别持股约 14%。

2020 年，东风汽车集团股份有限公司汽车产量为 341.77 万辆，营业收入 5806.45 亿元，位列 2020 年《财富》世界 500 强第 100 位，2020 年中国企业 500 强第 25 位。

2.2.2.1 神龙汽车有限公司

1992 年 5 月成立的神龙汽车有限公司是中国东风汽车集团股份有限公司与法国 PSA 集团合资兴建的轿车生产经营企业，总部位于湖北武汉。

神龙汽车有限公司实行"一个公司、两个品牌"的经营模式，东风标致商务部总部设在北京，东风雪铁龙商务部总部设在上海；拥有东风雪铁龙、东风标致两大品牌的九大车型系列，包括东风雪铁龙凯旋、世嘉、萨拉毕加索、新爱丽舍、C2、C5（图 2-36）；东风标致的 207、307、408、508（图 2-37）等，产品线覆盖经济型、中高档、高档等各个细分市场。

图 2-36 东风雪铁龙 C5 轿车

图 2-37 东风标志 508 轿车

2.2.2.2 风神汽车有限公司

风神汽车有限公司成立于 2000 年 3 月，是由东风汽车集团股份有限公司、广州京安云豹汽车有限公司、台湾裕隆汽车公司（台湾省第一大汽车制造厂）三家股东共同组建的，由东风汽车公司控股的国内合资汽车公司。

风神汽车公司主要生产 2.0L 的风神自主品牌系列轿车及其发动机，包括风神 S30（图 2-38）、风神 A60、风神 H30 及风神 S30 Cross（图 2-39）等轿车。

2012 年 3 月，在北京正式上市的全新中高级旗舰车型——风神 A60 轿车（图 2-40），是汇聚全球和东风集团优势资源集成创新的一款高起点、高科技、高品质的战略车型，是东风乘用车公司在更高平台上的首发车型。

2014 年 8 月，风神 A30 轿车（图 2-41）上市。作为风神汽车公司 2014 年产品布局的"排头兵"，风神 A30 轿车真正做到了起步即与世界同步。风神 A30 源于风神汽车公司全新的 DF1 平台，遵循实尚设计理念，拥有精实能效、宽实空间、智尚科技和尊尚安全四大核心优势，在平台、节能、空间、安全等多方面树立了同级车的全新标杆。

图 2-38　风神 S30 轿车

图 2-39　风神 S30 Cross 轿车

图 2-40　风神 A60 轿车

图 2-41　风神 A30 轿车

　　2015 年 3 月，风神汽车公司年度重点打造的风神 L60 轿车（图 2-42）上市发售。风神 L60 轿车开启了风神汽车公司"A+L 双线并进"的新格局；作为全球价值链大协同的代表性作品，风神 L60 轿车实现了从研发到采购、制造、市场营销等多方面的协同创新，产品力完全接轨国际，开创了东风大自主事业协同发展的新路径。

　　2016 年 2 月，二汽首款自主高端乘用车——风神 A9 轿车（图 2-43）面世。风神 A9 轿车与雪铁龙全新 C6 轿车采用相同平台打造，外观沉稳大气，并运用"乾卦"元素的家族式设计，两侧前照灯和格栅相连，内部还采用了 LED 光源。

图 2-42　风神 L60 轿车

图 2-43　风神 A9 轿车

2.2.2.3　东风悦达起亚汽车有限公司

　　东风悦达起亚汽车有限公司（DYK）是由东风汽车集团股份有限公司、江苏悦达投资股份有限公司、韩国起亚自动车株式会社按 25%：25%：50% 的股份结构共同组建的中外合资轿车制造企业，也是中国入世后首例汽车企业涉外重组项目。

东风悦达起亚汽车有限公司的主产品包括秀尔、福瑞迪、赛拉图、赛拉图欧风、锐欧、狮跑等系列车型。图 2-44 所示为 2011 年 3 月上市的起亚 K5 轿车。

2012 年 10 月，起亚 K3 轿车（图 2-45）成为东风悦达起亚汽车公司旗下引入的第 3 款 K 系列车型，是起亚家族中全新的一款紧凑型家用轿车，一经推出就以其前卫时尚的外形，在年轻消费群体中拥有了较高人气。

图 2-44　2011 款东风起亚 K5 轿车

2013 年 4 月，东风悦达起亚汽车公司自主品牌"华骐（HORKI）"首款概念车隆重亮相上海车展。

2016 年初，东风悦达起亚汽车公司正式发布了全新起亚 KX5 轿车（图 2-46）作为智跑的换代车型，新车采用了全新的家族式外观，车身尺寸更大，与全新途胜轿车共平台打造。

图 2-45　起亚 K3 轿车

图 2-46　起亚 KX5 轿车

2.2.3　上海汽车集团股份有限公司

1956 年，上海多家汽车、内燃机配件和修理厂等联合成立了上海汽车装配厂，开启了自己的艰苦创业之路。

1958 年 9 月 28 日，上海汽车装配厂试制成功了第一辆凤凰牌中高级轿车（图 2-47）。

1963 年，凤凰牌轿车更名为上海牌轿车。而后不断改进的上海牌轿车（图 2-48）成为 20 世纪 70 年代到 80 年代初中国最有影响的轿车。

图 2-47　凤凰牌轿车

1985 年 3 月 21 日，中德合资的上海大众汽车有限公司正式成立。1983 年 4 月 1 日，第一辆上海桑塔纳轿车组装成功，上海大众汽车有限公司开始生产桑塔纳牌轿车（图 2-49）。

图 2-48　上海牌 SH760 轿车

图 2-49　首批桑塔纳轿车出厂，1983 年

1990 年 3 月 1 日，上海汽车拖拉机工业联营公司更名为上海汽车工业总公司，1995 年 9 月 1 日，改制为上海汽车工业（集团）总公司，简称上汽集团。

2004 年底，上汽集团进行了重大的改制重组，成立了上海汽车集团股份有限公司。

2020 年，上汽集团汽车产量为 341.77 万辆，营业收入为 8433.24 亿元，位列 2020 年《财富》世界 500 强第 52 位，2020 中国企业 500 强第 13 位。

2.2.3.1　上海大众汽车有限公司

上海大众汽车有限公司成立于 1985 年 3 月，是一家中德合资企业，中德双方投资比例为：上海汽车集团股份有限公司 50%，德国大众汽车集团 40%、大众汽车（中国）投资有限公司 10%。

2015 年 12 月 7 日，上海大众汽车有限公司更名为上汽大众汽车有限公司，简称上汽大众。基于大众、斯柯达两大汽车品牌，公司拥有波罗、朗行、途安、朗逸、途观、桑塔纳、帕萨特新领驭（图 2-50）和晶锐、昕锐、野帝、明锐、速派等系列产品，覆盖 A0 级、A 级、B 级、SUV、MPV 等不同细分市场。

图 2-50　帕萨特新领驭轿车

2.2.3.2　上汽通用汽车有限公司

上海通用汽车有限公司成立于 1997 年 6 月，由上海汽车工业（集团）总公司、通用汽车公司各出资 50% 组建而成。2015 年 6 月 12 日，上海通用汽车有限公司名称变更为上汽通用汽车有限公司，简称上汽通用。

上海通用汽车已经形成凯迪拉克、别克、雪佛兰三大品牌，别克荣御轿车、别克君威轿车、别克凯越轿车、别克凯越 HRV 轿车、别克赛欧、昂科雷、君越、雪佛兰景程轿车、CRUZE 以及雪佛兰赛欧紧凑型轿车等 15 个系列的产品巨阵。其中别克荣御轿车（图 2-51）是引进通用霍顿公司 Statesman/Caprice 房车平台所生产的高档行政级轿车。

汽车文化 第4版

2.2.3.3 南京汽车集团有限公司

南京汽车制造厂的前身是中国人民解放军华东野战军特种纵队修理厂，于1953年3月10日生产出我国第一辆轻型车NJ130（图2-52），随之更名为"南京汽车制造厂"。1986年，南京汽车制造厂完成了第二代产品的换型改造，及时推出第二代产品——跃进NJ131（NJ1061）汽车。1986年到1994年间，引进意大利菲亚特集团具有国际先进水平的依维柯"S"系列轻型车技术并建成投产，于1995年初建立南京依维柯汽车有限公司。

图2-51 别克荣御轿车

图2-52 2.5t跃进NJ130汽车

1995年6月21日，南京汽车制造厂更名为"跃进汽车集团公司"。2003年8月28日，由跃进汽车集团公司、中国信达资产管理公司、中国华融资产管理公司、江苏省国信资产管理集团有限公司、江苏交通产业集团有限公司五家公司共同出资重组的南京汽车集团有限公司正式成立，简称南汽。2005年7月22日，南汽成功收购了英国MG罗孚公司和动力总成公司的资产，为南汽再创辉煌寻求到了新的机遇。2007年12月26日，上海汽车集团正式收购南京汽车集团。南汽拥有名爵（图2-53）、南京依维柯（图2-54）、跃进、南汽四大品牌400多种车型。

图2-53 名爵MG7轿车

图2-54 南京依维柯都灵V客车

2.2.3.4 上汽通用五菱汽车股份有限公司

上汽通用五菱汽车股份有限公司（SGMW）前身为1958年成立的柳州动力机械厂，2002年11月18日，由上海汽车集团股份有限公司、通用汽车（中国）投资有限公司、柳州五菱汽车有限责任公司合资组建。

2003年，五菱公司自主设计开发了符合国际安全与环保标准、具有高技术和高品质的微型商用车——五菱之光（图2-55），随后自主开发了全新大微客——五菱荣光。2010年9

月，紧凑型商务车五菱宏光成功上市，并荣获央视 2010 年度经济型乘用车奖项。

2010 年，上汽五菱迎来了自己的乘用车品牌——宝骏。

2011 年，宝骏 630 轿车（图 2-56）被 CCTV 中国年度汽车评选为"年度经济型乘用车"。2013 年 11 月，上汽通用五菱实现累计销售超过 1000 万辆整车，顺利进入千万级规模的中国汽车企业行列。2014 年 3 月 25 日，上汽通用五菱汽车公司的"五菱"文字和"图形注册商标"同时被国家工商总局商标局授予"中国驰名商标"。

图 2-55　五菱之光微型商用车 　　　　　图 2-56　宝骏 630 轿车

2014 年 4 月 20 日，第十三届北京车展上，上汽通用五菱汽车公司的 5 座家用车——宝骏 610 轿车（图 2-57）领航上市，而针对中国式大家庭打造的 7 座家用车——宝骏 730 商用车（图 2-58）首发亮相。

图 2-57　宝骏 610 轿车 　　　　　图 2-58　宝骏 730 商用车

2.2.4　北京汽车集团有限公司

北京汽车集团有限公司简称北汽或北汽集团，其前身是 1951 年成立的中国人民解放军第六汽车制配厂，1958 年改名为北京汽车制造厂并研制出第一辆汽车——"井冈山"牌轿车。此后，北京汽车制造厂开始研制 CB4 高级轿车并定名为"北京牌"（图 2-59）。1966年，北京汽车制造厂自主研制生产了中国第一代轻型载货车 BJ130 和第一代轻型越野车BJ212（图 2-60）。BJ212 作为中国越野汽车的鼻祖，其单一车型累计生产 120 多万辆，创造了中国一代汽车工业的神话。

1984 年，北京汽车制造厂与美国汽车公司（后并入克莱斯勒公司）成立了我国汽车业第一个合资企业——北京吉普汽车有限公司（BJC）。1995 年 5 月，北京汽车工业集团总公司成立。2010 年 9 月，公司更名为北京汽车集团有限公司。

图 2-59　北京牌 CB4 高级轿车

图 2-60　北京牌 BJ212 越野车（1966）

北汽集团旗下拥有北京牌（BEIJING）、福田、绅宝、威旺、幻速、昌河、ARCFOX（极狐）等自主汽车品牌和现代、奔驰等合资品牌，产品涵盖轿车、越野车、SUV、皮卡、轻型货车、重型货车、新能源汽车、专用车等类型，在 30 多个国家和地区建立了整车及 KD 工厂，市场遍布全球 80 余个国家和地区。2020 年，北汽集团整车产销量达到226 万辆，营业收入达到 5012.3 亿元，位居《财富》世界 500 强第 134 位，中国企业500 强第 35 位。

2.2.4.1　北京汽车制造厂有限公司

1987 年，北京汽车制造厂与北京摩托车制造厂合并组建北京汽车摩托车联合制造公司（BAM），2001 年按现代企业制度重组组建北京汽车制造厂有限公司（BAW），产品涵盖越野车、皮卡车、面包车、专用车等类型。

2003 年，北汽推出了新一代四轮驱动越野汽车"陆霸"（图 2-61），打造成了中国公务越野第一车。2007 年 8 月，具有自主知识产权的第二代军车"勇士"（图 2-62）正式下线，又陆续推出骑士、战旗等越野汽车品牌。2013 年 12 月，北京（BJ）品牌继续扛起中国硬派越野第一面大旗，推出了硬派越野汽车 BJ40（图 2-63）。2016 年，公司推出了北京（BJ）20、北京（BJ）80（图 2-64）等一系列越野汽车车型。

图 2-61　陆霸越野汽车

图 2-62　勇士越野汽车

图 2-63　北京牌 BJ40 越野汽车

图 2-64　北京牌 BJ80 越野汽车

2.2.4.2　北汽福田车辆股份有限公司

1996 年 8 月，由北汽发起，联合全国 100 家法人单位成立了北汽福田车辆股份有限公司，总部位于北京市昌平区，公司旗下有欧曼（图 2-65）、欧 V、风景、奥铃、萨普、风景（图 2-66）、海狮和时代汽车等系列品牌，涵盖了商用车中的 35 吨级以下货车全系列产品、轻客、SUV、皮卡产品及大中型客车系列产品。

图 2-65　福田欧曼牵引车

图 2-66　福田风景冲浪 SUV

2010 年 12 月 26 日，北汽首款自主品牌乘用车 BC301Z 在湖南株洲基地下线。2012 年 3 月 19 日，北汽首款自主品牌 A0 级轿车——北京汽车 E 系列正式上市（图 2-67）。2015 年 4 月，图雅诺正式上市（图 2-68）。

图 2-67　北京汽车 E 系列

图 2-68　北汽图雅诺商务车

2.2.4.3　北京现代汽车有限公司

2002 年 10 月，北汽与韩国现代汽车集团共同组建了我国加入 WTO 后汽车领域第一家中外合资企业——北京现代汽车有限公司。公司主要产品包括全新途胜、第九代索纳塔、MISTRA 名图、索纳塔经典、全新胜达、ix35、ix25、途胜、朗动、VERNA 瑞纳、瑞奕、ELANTRA 悦动、伊兰特等 14 款主力车型，覆盖 A0 级、A 级、B 级及 SUV 等多个细分市场。

2013 年 11 月 MISTRA 名图（图 2-69）上市，荣膺 2013 年上海车展"最受关注车型"。2015 年 3 月，第九代索纳塔（图 2-70）上市，定位为"新动力高端智能座驾"，是北京现代继索纳塔经典、名图之后推出的又一款重量级中高级车。

图 2-69　MISTRA 名图轿车

图 2-70　第九代索纳塔轿车

2.2.4.4　北京奔驰-戴姆勒·克莱斯勒汽车有限公司

2005 年 8 月 8 日，北京奔驰-戴姆勒·克莱斯勒汽车有限公司（简称 BBDC）正式成立，其前身是创立于 1983 年 5 月的北京吉普汽车有限公司。

BBDC 公司主要生产梅赛德斯-奔驰 E 级（图 2-71）和 C 级两大系列轿车、克莱斯勒、JEEP（图 2-72）等众多国际知名品牌的轿车和越野汽车。

图 2-71　北京奔驰 E300L 轿车

图 2-72　JEEP 自由光 SUV

2.2.4.5　北汽绅宝品牌

2009 年，北汽收购瑞典豪华轿车品牌萨博（SAAB）核心知识产权。2012 年，北汽在北京国际车展正式发布基于 SAAB 技术打造的全新 M-trix 中高端轿车平台，宣告对萨博技术消化、吸收、创新的完成。

2013 年 5 月，北汽宣布旗下首款绅宝中高级轿车（图 2-73）正式上市。绅宝作为北汽历时 3 年精心打造的中高级轿车，开启了北汽以核心技术引领自主高端化的时代。

2.2.4.6 北京新能源汽车股份有限公司

北京新能源汽车股份有限公司（简称北汽新能源）创立于 2009 年，是我国首个获得新能源汽车生产资质的新能源汽车企业，主要生产纯电动乘用汽车、混合动力汽车、新能源汽车和新能源汽车动力模块。公司已经推出 EU5、EU7、EU260、EX260、EX360（图 2-74）、EC180、EC200、EV160、EV200、EH300 等款纯电动乘用车。

图 2-73　绅宝 D70 轿车

2018 年 4 月，北汽集团与麦格纳签署全新一代智能纯电动汽车平台战略合作协议，2019 年 1 月，推出正向专属纯电动 IMC 架构平台——全球首个商业搭载 5G 技术的 IMC 智能架构。2020 年 10 月，极狐阿尔法 T（ARCFOX αT）（图 2-75）正式上市，量产搭载华为智能网联、智能电动领域技术。

2021 年 5 月，极狐阿尔法 S（ARCFOX αS）全新 HI 版产线验证车在北汽蓝谷麦格纳智造基地正式下线。

图 2-74　EX360 纯电动 SUV

图 2-75　ARCFOX αT

2.2.5 中国长安汽车集团股份有限公司

中国长安汽车集团股份有限公司简称中国长安，其核心企业是重庆长安汽车股份有限公司，简称长安汽车。

2005 年 12 月，中国兵器装备集团公司为推进汽车产业结构优化升级，对旗下包括长安汽车在内的 8 家整车企业和 20 余家汽车零部件企业进行了专业化重组，成立了中国南方工业汽车股份有限公司，简称中国南方汽车。2009 年 7 月，中国南方汽车更名为中国长安汽车集团股份有限公司（英文简称 CCAG）。同年 11 月，中国航空工业集团公司旗下的中航汽车与中国兵器装备集团公司旗下的中国长安汽车集团合并，成立新的汽车集团。中航汽车将旗下的哈飞、昌河、东安动力、东安汽发并入中国长安汽车集团股份有限公司。

2010 年 7 月，中国长安与法国标致雪铁龙集团在巴黎签署正式合作协议，共同组建合资企业——长安标致雪铁龙汽车有限公司。

中国长安坚持"以我为主，自主创新"的发展模式，旗下拥有长安、哈飞、东安、赛豹等自主品牌和众多合资企业品牌，合资生产蒙迪欧-致胜、福克斯、嘉年华、麦柯斯、马自达3、沃尔沃 S80L、沃尔沃 S40、羚羊等多款车型。

2.2.5.1　长安汽车股份有限公司

长安汽车股份有限公司简称长安汽车，1984 年正式进入汽车行业。长安汽车先后推出了长安之星 2 代、长安之星 S460、长安星光 4500、长安奔奔（图 2-76）、长安杰勋、长安志翔、长安悦翔、长安 CX20、长安 CX30、长安逸动（图 2-77）、长安悦翔 V3 等多款自主产品。

图 2-76　长安奔奔 Mini 轿车

图 2-77　长安逸动轿车

在新能源汽车领域，长安汽车处于行业领先水平。2007 年 6 月，中国第一台氢内燃机在长安汽车成功点火；同年 12 月，中国第一辆产业化混合动力轿车杰勋在长安汽车下线。2012 年，北京车展展出了长安 E30 电动轿车。2018 年 8 月，长安逸动 EV460 纯电动汽车上市（图 2-78）。

2012 年 10 月，长安汽车首款 SUV 产品 CS35 在重庆、深圳双城同步发布。2016 年的"中国汽车行业用户满意度测评（CACSI）"中，自主品牌的长安汽车 CS75（图 2-79）、CS35 分别夺下同级车型的第一名，成为最受关注、最受欢迎车型。

图 2-78　长安逸动 EV460 纯电动汽车

图 2-79　长安 CS75 SUV

2.2.5.2　哈飞汽车制造有限公司

哈飞汽车制造有限公司于 1994 年成立，是以哈尔滨飞机工业（集团）有限责任公司为发起人，联合中国航空基金有限公司（英）建立的中外合资企业。公司在 20 世纪 80 年代引进日本汽车制造技术，研制生产了松花江牌系列汽车。

公司主要产品有轿车、微型客车、厢式货车、单排座及双排座微型货车共计五大系列70多个品种，有哈飞骏意、路尊小霸王、民意等微型客车与货车系列，路宝微型轿车系列，赛马、赛豹（图2-80）经济型轿车系列及新能源汽车。哈飞路宝、哈飞赛豹荣获"中国汽车自主创新成果大典集成创新奖"。哈飞民意（图2-81）连续两年被 J. D. Power 评为微客市场新车质量冠军。

图 2-80 哈飞赛豹轿车

图 2-81 哈飞民意微型客车

2.2.6 中国重型汽车集团有限公司

中国重型汽车集团有限公司简称中国重汽，前身是济南汽车制造厂，始建于1956年，是我国重型汽车工业的摇篮。1960年4月，济南汽车制造厂（简称济汽）仿造斯柯达试制出了中国第一辆重型汽车——黄河JN150型8t载货汽车（图2-82），结束了中国不能生产重型汽车的历史。

1983年，以济汽、川汽、陕汽三大基地及部分骨干企业为主，外加重庆汽车研究所组建了中国重型汽车工业企业联营公司，1990年更名为中国重型汽车集团公司。图2-83、图2-84所示分别为川汽、陕汽的汽车产品。

图 2-82 黄河 JN150 型 8t 载货汽车

图 2-83 红岩 CQ261 重型越野车

图 2-84 陕汽 SX2190 军用越野车

第 2 章 中国汽车工业的创业与发展

2000 年 7 月，中国重汽集团正式一分为三。重汽的核心和主体部门保留"中国重汽"的称号，划归山东省管理，原重汽集团三个整车生产厂之一的"济南重汽"改称"中国重型汽车集团有限公司"。另两个整车生产厂——重庆重汽与陕西重汽，分别下放重庆和陕西地方管理，分别组建"重庆重型汽车集团有限公司"和"陕西重型汽车集团有限公司"。

2001 年 1 月 18 日，中国重型汽车集团有限公司在济南正式宣告成立。2003 年 6 月 9 日，中国重汽集团与沃尔沃货车公司重型汽车合资项目在北京钓鱼台国宾馆正式签约，成立济南华沃货车有限公司。2004 年 8 月 6 日，中国重汽（香港）国际资本有限公司正式在香港注册成立。2004 年 10 月 28 日，代表国内重型汽车最先进水平的豪沃系列重型货车在中国重汽下线，这标志着我国的重型汽车整车技术开始与国际重型汽车先进技术接轨。图 2-85 所示为重汽集团豪沃重型货车部分车型。

a) 豪沃牵引车　　b) 豪沃 A7　　c) 豪沃自卸车

d) 豪沃水泥搅拌车　　e) 豪沃载货车

图 2-85　重汽集团豪沃重型货车部分车型

2013 年 1 月，中国重汽与德国曼公司强强合作 SITRAK 品牌正式启动，首辆重型货车隆重下线。SITRAK 系列重型货车（图 2-86）是中国重汽采用曼公司的产品设计，相同的生产线和工艺流程，严格按照中国重汽和曼公司共同制订的以质量为纲的产品开发原则进行产品设计、生产准备和批量生产放行的产品。该产品的上市标志着中国重汽带领中国重卡走进了国际先进水平重型货车行列。

2020 年，中国重汽整车销量首次突

图 2-86　SITRAK 重型货车

破 50 万辆，营业收入达到 1158.5 亿元，位列中国企业 500 强第 183 位，连续 16 年保持国内重型汽车出口量第一。

2.2.7 华晨汽车集团

1991 年 7 月，华晨中国汽车控股有限公司与原金杯汽车股份有限公司（现一汽金杯汽车股份有限公司）合资成立了沈阳金杯客车制造有限公司。1992 年 10 月，华晨中国汽车在美国纽约股票交易所挂牌上市，成为中国第一家海外上市公司。

经过 30 余年发展，华晨汽车集团通过高起点自主创新，打造了中华、金杯两大自主整车品牌（图 2-87、图 2-88）以及"华晨宝马"合资整车品牌（图 2-89）。

图 2-87　金杯智尚 S30 轿车

图 2-88　中华骏捷轿车

2014 年 11 月，华晨汽车集团分别在上海和广州进行了第三个自主品牌——华颂的品牌和产品发布。华颂是继金杯、中华之后，在宝马公司的助力下，历时 3 年时间，耗资 20 多亿元打造的中国人自己的高端品牌。图 2-90 所示为华颂 7 轿车。

图 2-89　华晨宝马 5 系轿车

图 2-90　华颂 7 轿车

经过多年的发展探索，华晨汽车集团明确了一条"通过自主创新、拥有自有技术、做好自主品牌"的道路，华晨汽车集团秉承"品质先，方敢天下先"的企业经营理念，肩负"走自主创新路、造国民精品车"的企业使命，形成了"国际化、市场化、现代化"的独特企业文化和立足中国、融通世界，全方位、开放式的发展格局。

2020 年，华晨汽车集团营业收入达到 1811.3 亿元，位列中国企业 500 强第 120 位。

2.2.8 奇瑞汽车有限公司

奇瑞汽车有限公司成立于 1997 年 3 月，是由安徽省及芜湖市 5 个投资公司共同投资兴建的国有大型股份制企业。公司始终坚持"自主创新"的发展战略，在 TGDI 涡轮增压缸内直喷技术、DVVT 双可变气门正时技术、CVT 无级变速器以及新能源汽车等一大批尖端核心技术上获得突破，建立了 A00、A0、A、B、SUV 五大乘用车产品平台。公司旗下拥有奇瑞、瑞麒、威麟和开瑞等自主品牌和捷豹、路虎合资品牌，产品覆盖乘用车、商用车、越野车、微型车、新能源汽车、智能网联汽车等领域。

2020 年，公司营业收入 739.3 亿元，位列中国企业 500 强第 272 位，截至 2021 年 11 月，公司已累计销售汽车 900 万辆，出口超过 170 万辆，连续 18 年保持中国自主品牌乘用车出口量第一。

图 2-91~图 2-100 所示为奇瑞部分车型。

图 2-91　东方之子轿车

图 2-92　奇瑞旗云 5 轿车

图 2-93　奇瑞风云 2 轿车

图 2-94　奇瑞新款 QQ 运动版轿车

图 2-95　瑞虎 3 SUV

图 2-96　瑞虎 DR SUV

图 2-97　瑞虎 TT SUV

图 2-98　瑞虎 7 SUV

图 2-99　艾瑞泽 7 轿车

图 2-100　艾瑞泽 3 轿车

奇瑞捷豹路虎汽车有限公司成立于 2012 年 11 月，由奇瑞汽车股份有限公司和捷豹路虎汽车公司共同出资组建而成，合资双方股比例各占 50%。

2014 年 10 月，首款奇瑞路虎揽胜极光从奇瑞捷豹路虎常熟工厂正式下线，2015 年 02 月上市。2017 年 12 月，全新捷豹 XEL 轿车上市（图 2-101），捷豹 XEL 配置 2.0T 发动机和 8 档手自一体变速器。

2021 年 03 月，全新路虎发现运动版新能源汽车 P300e 上市（图 2-102）。P300e 作为首款路虎国产新能源插电混动车型，拥有完善的电气化系统布局，开创性地应用了大量电气化技术，在保持"全能实用"特性的同时，更加注重节能环保。

图 2-101　捷豹 XEL 轿车

图 2-102　2021 款路虎发现运动版新能源汽车 P300e

2.2.9 浙江吉利控股集团有限公司

浙江吉利控股集团有限公司简称吉利控股集团，始建于 1986 年，1997 年开始制造汽车，2001 年 11 月成为中国首家获得轿车生产资格的民营企业。2003 年 3 月，浙江吉利控股集团有限公司成立。2005 年 9 月，第六十一届德国法兰克福车展上，吉利轿车（图 2-103）正式亮相，实现了近百年来中国汽车自主品牌参加世界顶级车展的历史性突破。

图 2-103　吉利 FC-1 轿车

2010 年，吉利控股集团收购沃尔沃轿车公司 100% 的股权。2018 年，吉利控股集团通过旗下海外企业主体收购戴姆勒股份公司 9.69% 具有表决权的股份，吉利集团成为戴姆勒股份公司第一大股东。

吉利控股集团旗下拥有全球鹰（图 2-104）、帝豪（图 2-105）、英伦（图 2-106）、领克、沃尔沃、极星、宝腾、莲花（路特斯）等知名品牌。

图 2-104　全球鹰 GX7 轿车

图 2-105　帝豪 EC7 轿车

图 2-106　英伦 SC7 轿车

2015 年 4 月，吉利博瑞轿车（图 2-107）正式上市。该车是吉利旗下首款引入沃尔沃安全技术理念的车型，同时也是吉利力争重回自主品牌前列的扛鼎之作。

2015 年 11 月广州车展期间，吉利帝豪 EV 电动汽车（图 2-108）面世，标志着吉利汽车开启了"蓝色吉利行动"新能源发展战略，走向电动化、智能化全新发展转型之路。

图 2-107　吉利博瑞轿车

图 2-108　吉利帝豪 EV 电动汽车

图 2-109 所示为吉利公司于 2016 年推出的沃尔沃 XC90 轿车。该车是吉利汽车公司自 2010 年从福特汽车公司收购沃尔沃轿车公司以来，交出的第一份成绩单。

图 2-109　沃尔沃 XC90 轿车

2017 年 8 月，吉利控股集团与沃尔沃汽车公司正式签署协议，双方合资成立了领克汽车公司，旗下有领克 01（图 2-110）、领克 02、领克 03、领克 05、领克 06 以及 SPA 架构下首款中大型旗舰 SUV 领克 09（图 2-111）。

图 2-110　领克 01 轿车

图 2-111　领克 09 轿车

2020 年，浙江吉利控股集团汽车产量为 132.02 万辆，连续 4 年获中国品牌乘用车销量第一，营业收入 3308.2 亿元，位列 2020 年《财富》世界 500 强第 243 位，2020 年中国企业 500 强第 65 位。

2.2.10　江淮汽车集团有限公司

江淮汽车集团有限公司简称江汽集团公司，成立于 1997 年 5 月。

2007 年 3 月，中国第一款真正自主品牌的越野型轿车——瑞鹰越野车（图 2-112）上市。

2007 年 11 月，第一款轿车宾悦（图 2-113）上市，第二款轿车同悦全球同步上市。

图 2-112 瑞鹰越野车

图 2-113 江淮宾悦轿车

2016 年 4 月，江淮新能源 SUV 车型 iEV6S（图 2-114）于第十四届北京车展正式上市。

图 2-114 江淮 iEV6S 电动 SUV

2.2.11 长城汽车股份有限公司

长城汽车股份有限公司简称长城汽车，其前身是 1984 年成立的长城汽车制造厂，1998 年 6 月改制为长城汽车有限责任公司，2001 年 6 月改制成立长城汽车股份有限公司。

长城汽车现已成为全球知名的 SUV、皮卡制造商，旗下拥有长城皮卡、哈弗、WEY、欧拉和坦克等品牌，产品包括皮卡、SUV、轿车、越野车以及新能源汽车等，在全球建立六大技术研发基地，具备发动机、变速器等核心零部件的自主配套能力。2020 年，公司汽车销量 111.16 万辆，营业收入 962.11 亿元，位列中国企业 500 强第 224 位。

长城皮卡

1996 年 3 月 5 日，第 1 辆长城迪尔（Deer）皮卡下线。1997 年 10 月，第一批长城皮卡出口中东，拉开了长城汽车进军海外的序幕。在激烈的市场竞争中，1998 年长城皮卡首次位居全国皮卡市场销量第一。

2006 年，长城风骏皮卡（图 2-115）下线，国内首款全球版高端皮卡诞生。2011 年 6 月，意大利订购 2000 台风骏皮卡，开创了中国柴油皮卡进入欧盟市场的先河。

2020 年 9 月，长城炮乘用皮卡、商用柴油 8AT 越野皮卡（图 2-116）在海南正式上市。同年 12 月，长城炮皮卡陆续出口南非、约旦、智利、伊拉克等国家，开启中国皮卡海外拓展的新征程。

图 2-115　长城风骏皮卡

图 2-116　长城炮皮卡（越野版）

哈弗 SUV

2002 年，长城汽车第一款 SUV 车型赛弗正式上线。2011 年，长城汽车推出了第一代哈弗 H6。从第一代开始，哈弗 H6（图 2-117）连年获得国内 SUV 市场销量第一名，更赢得了"国民神车"的美誉。

2020 年 9 月 25 日，哈弗全新 SUV 系列——哈弗大狗（图 2-118）正式面向全国上市，首次推出 1.5T 的 4 款车型：哈士奇版、拉布拉多版、边牧版、马犬版。

图 2-117　长城哈弗 H6 SUV

图 2-118　哈弗大狗 SUV

长城轿车

在 2008 年北京车展上，首次亮相的长城精灵（图 2-119）是长城汽车进军轿车市场推出的首款产品。长城轿车还有长城炫丽、长城酷熊、长城凌傲、腾翼系列（图 2-120）等车型。

图 2-119　长城精灵轿车

图 2-120　长城腾翼 C50 轿车

WEY 品牌和魏派坦克

WEY 品牌是长城汽车旗下自主豪华 SUV 品牌，创立于 2016 年，WEY 牌首款车型 VV7 于 2017 年 4 月上海国际车展首次展示并上市。WEY 现有 VV5、VV6、VV7（图 2-121）、VV7 GT 和 VV7PHEV（插电/混动/四驱）、智能混动 SUV 玛奇朵、摩卡（智能型）等系列车型。

2020 年 7 月，在成都国际车展上，智能豪华越野型魏派坦克 300 首次亮相，12 月魏派坦克 300 正式上市。坦克现有坦克 300 越野版（图 2-122）、坦克 300 城市版、坦克 500 等车型。

图 2-121　WEY VV7 SUV

图 2-122　魏派坦克 300（越野版）

2.2.12　比亚迪股份有限公司

比亚迪股份有限公司创立于 1995 年，2003 年收购西安秦川汽车有限责任公司，正式进入汽车制造领域，开启了民族自主汽车品牌的发展征程。公司旗下汽车品牌系列包括 F3、F3R、F6、F0、G3、G3R、L3/G6、速锐等轿车，S8 运动型硬顶敞篷跑车、S6 高端 SUV 和 M6 MPV 等车型，以及领先全球的 F3DM、F6DM 双模电动汽车，E6、秦、汉、唐、宋、元等王朝系列纯电动汽车品牌。

2008 年 12 月 15 日，全球第一款不依赖专业充电站的双模电动车——比亚迪 F3DM（图 2-123）在深圳正式上市。

2010 年 7 月 20 日，比亚迪汽车首款 MPV 车型 M6（图 2-124）正式上市。

图 2-123　比亚迪 F3DM 双模混合动力轿车

图 2-124　比亚迪 M6 多功能汽车

2010 年 9 月，比亚迪的首款中高端自主 SUV——S6（图 2-125）上市，其长宽高分别为 4810/1855/1680mm，轴距为 2720mm，在同级别 SUV 中首屈一指。

2012 年 8 月，比亚迪旗下全新车型比亚迪速锐（图 2-126）正式上市，速锐最大亮点就是全球领先的"遥控大玩具车"以及涡轮加压发动机，动力非凡，搭载遥控驾驶技术、TID 动力组合。

图 2-125　比亚迪 S6 SUV

图 2-126　比亚迪速锐

自 2015 年 1 月首次发布比亚迪"唐"SUV 以来，比亚迪公司已向市场推出秦、汉、唐、宋、元 5 个系列，覆盖纯电动、混合动力、燃油车三类动力配置和轿车、SUV 和 MPV 3 种车型，共 15 个车系。

比亚迪唐 DM、比亚迪秦 EV300、比亚迪宋 Pro 插电混动 SUV、比亚迪汉 DM 插电混动四驱车型分别如图 2-127~图 2-130 所示。

图 2-127　比亚迪唐 DM SUV

图 2-128　比亚迪秦 EV300 电动汽车

图 2-129　比亚迪宋 Pro SUV

图 2-130　比亚迪汉 DM 四驱电动汽车

2020 年，比亚迪股份有限公司汽车整车销量 42.7 万辆（其中新能源汽车销量 19 万辆），营业额 1277.4 亿元，位列 2020 中国企业 500 强第 165 位。

2.2.13　广州汽车集团股份有限公司

广州汽车集团股份有限公司简称广汽集团，前身是成立于 1997 年 6 月的广州汽车集团有限公司，旗下拥有广汽乘用车、广汽本田、广汽三菱、广汽吉奥、广汽本田、广汽客车、广汽部件等知名企业。

2015 年北美车展上，广汽传祺全新紧凑型 SUV——传祺 GS4 SUV（图 2-131）正式全球首发，并于 2015 年 4 月 18 日正式上市。2016 年 7 月，广汽传祺首款 C 级轿车——广汽传祺 GA8 轿车（图 2-132）上市。

图 2-131　广汽传祺 GS4 SUV

图 2-132　2016 款广汽传祺 GA8 轿车

2016 年 3 月 17 日，2016 年中国汽车行业客户满意度调研结果在北京发布，广汽传祺 GS4 荣获"消费者综合满意度评价——最佳紧凑型 SUV"大奖。

2020 年，广汽集团汽车销量 204.4 万辆，营业收入达到 3707.2 亿元，位居《财富》世界 500 强第 206 位，中国企业 500 强第 54 位。

2.2.14　力帆汽车有限公司

力帆实业（集团）股份有限公司从 2002 年开始正式立项汽车项目，到第一辆力帆 520 轿车（图 2-133）下线、次年亮相重庆车展，力帆汽车经历近 4 年的磨砺。2010 年 1 月，工业和信息化部公布车型实际油耗，力帆 520 轿车成为 1.6L 省油排行榜唯一一款跻身前五名的自主品牌车型。

2010 年 3 月，首批力帆 620 电动轿车（图 2-134）正式下线并开往上海作为警务用车服务世博会，成为服务世博会的唯一一款纯电动轿车。

图 2-133　力帆 520 轿车

图 2-134　力帆 620 电动轿车

2016 年 4 月 25 日，力帆汽车旗下全新 7 座 SUV 车型——力帆迈威 SUV（图 2-135）正式亮相。力帆全新 MPV——轩朗 MPV（图 2-136）在广州车展期间首发亮相（车展上发布的为 1.8L 先行版）。

图 2-135　力帆迈威 SUV

图 2-136　力帆轩朗 MPV

2.2.15　江铃汽车集团公司

江铃汽车集团公司创立于 1947 年，是中国汽车行业重点骨干企业和国家汽车整车出口基地企业。江铃汽车集团公司经过长期的自主创业以及与福特、五十铃、雷诺、麦格纳等世界知名企业合作，旗下拥有 JMC 系列、驭胜系列、福特系列、陆风系列（图 2-137~图 2-139）、易至系列、五十铃系列、晶马系列等品牌产品，产品覆盖 115 个国家和地区。

2020 年，江铃汽车集团整车销量 38.1 万辆，实现营业收入 952.2 亿元，位列 2020 年中国企业 500 强第 229 位。

图 2-137　陆风 X6 轿车

图 2-138　陆风 X9 轿车

图 2-139　陆风风尚轿车

2.2.16　中国造车新势力

随着能能源汽车、智能网联汽车的发展机遇和挑战，以蔚来、理想、小鹏为代表的中国新造车势力开始兴起。以新能源汽车为特色，出现了中国造车新势力"三剑客"—蔚来、理想、小鹏汽车；以智能网联汽车为特色，中国民族科技企业华为和互联网巨头百度、阿里、腾讯已成为智能网联汽车造车新势力。

2.2.16.1 蔚来汽车有限公司

蔚来汽车有限公司于成立 2014 年 11 月，2018 年 8 月开始在美国纽约证券交易所挂牌交易，旗下产品有蔚来 ES6（图 2-140）、蔚来 ES8、蔚来 EC6、蔚来 EVE、蔚来 EP9 等车型。

2017 年 4 月，在上海车展上蔚来 ES8 汽车首次亮相，旗舰超跑蔚来 EP9 汽车开启预售。2017 年 12 月，NIO ES8 汽车正式上市。2020 年 7 月，NIO EC6 汽车正式上市。

2.2.16.2 理想汽车有限公司

理想汽车有限公司创立于 2015 年 7 月，总部位于北京，2020 年 7 月 30 日开始在美国纳斯达克证券市场正式挂牌交易。

2019 年 11 月，理想汽车开始量产理想 ONE 汽车（图 2-141）。理想 ONE 汽车是理想汽车首款电动汽车，是一款六座中大型豪华电动 SUV，配备了增程系统及先进的智能汽车解决方案。自 2019 年 12 月 4 日理想 ONE 正式交付以来，理想汽车仅用 12 个月零 14 天就完成了第一个 30000 辆的交付，创下新造车势力首款车型最快交付纪录。

图 2-140　蔚来 ES6 汽车

图 2-141　理想 ONE 汽车

2.2.16.3 小鹏汽车有限公司

小鹏汽车有限公司成立于 2014 年，总部位于广州，2020 年 8 月开始在纽约证券交易所挂牌交易，2021 年 7 月开始在香港联合交易所挂牌交易，旗下有小鹏 G3、P7、P5 等车型。

2016 年 9 月，小鹏汽车有限公司正式发布了首款车型——小鹏汽车 BETA 版纯电动 SUV。2018 年 1 月，小鹏 G3 汽车（图 2-142）在美国 CES 国际电子消费展上全球首发。2018 年 1 月，小鹏汽车交付了 39 辆新车，并成为首家进入乘联会新能源车销量榜的互联网造车企业。2020 年 4 月，小鹏 P7 汽车（图 2-143）正式上市。2021 年 9 月，小鹏 P5 汽车上市。

图 2-142　小鹏 G3 汽车

图 2-143　小鹏 P7 汽车

2. 2. 16. 4　华为智能汽车解决方案——HI

HI（HUAWEI Intelligent Automotive Solution）是华为旗下智能汽车解决方案品牌，该解决方案包括计算与通信架构、智能座舱、智能驾驶以及激光雷达等智能化部件。

2020 年 10 月，华为发布华为智能汽车解决方案 HI，旨在通过华为全栈智能汽车解决方案，以创新的模式与车企深度合作，打造精品智能网联电动汽车。2021 年，华为与北汽、重庆长安和广汽合作打造了 3 个子品牌。华为 HI 生态合作伙伴已经超过 20 家车厂，合作车型超过 150 款。

2021 年 4 月，搭载华为 HI 服务北汽旗下的高端品牌 ARCFOX（极狐）"阿尔法 S"（图 2-144）正式上市。2021 年 10 月，华为智选推出第二款与赛力斯合作的新车——"傲图"，采用全套的华为智能汽车解决方案。

2021 年 11 月，在长安汽车科技生态大会上，长安汽车联合华为、宁德时代发布了旗下高端品牌阿维塔。阿维塔 E11 汽车（图 2-145）使用了华为 HI 全栈智能汽车解决方案和宁德时代最新的电动化技术，搭载了全球领先的智能电动网联汽车架构。

图 2-144　HI 版阿尔法 S 汽车　　　　图 2-145　阿维塔 E11 汽车

2. 2. 17　中国客车工业发展简介

1957 年 4 月，上海公交公司客车修造厂采用国产解放牌 CA10 型货车底盘试制出全金属整体结构车身的 57 型公交车（图 2-146），这是新中国第一辆国产公交车。

2000 年之后，国内客车企业开始和国外先进的客车厂进行技术合作，诞生了一大批合资品牌，代表车型有北方尼奥普兰客车、凯斯鲍尔客车、西沃客车、亚星奔驰客车、申沃客车、中通 BOVA 客车、南京依维柯轻客等。

2001 年 9 月，我国"十一五"新能源汽车重大专项正式启动，确定了"三纵三横"的研发布局。2008 年北京奥运会期间，北京理工大学和京华客车公司开发的 50 辆锂离子蓄电池纯电动客车（图 2-147）投入公交运营；由东风汽车公司和一汽集团研发生产的 25 辆混合动力客车在奥运公交专线上运营。绿色交通充分展示了我国新能源汽车的成就，丰富了绿色奥运的主题。

2010 年 9 月，由广州广汽比亚迪新能源客车有限公司研制的比亚迪 K9 纯电动大巴在长沙下线。2011 年 1 月，K9 在深圳投入载人公交运营。2015 年 10 月，全球首辆比亚迪纯电动双层大巴在英国伦敦亮相（图 2-148）。2018 年 12 月 13 日，100 辆比亚迪 K9 纯电动大巴车队矩阵（图 2-149）亮相智利首都圣地亚哥。

图 2-146　57 型公交车

图 2-147　2008 北京奥运新能源公交车

图 2-148　比亚迪纯电动双层大巴

图 2-149　比亚迪 K9 纯电动大巴

　　我国现有大型客车制造企业 37 家，2019 年、2020 年销量分别达到 72773 辆和 56438 辆，部分制造公司销量见表 2-1。近几年，我国新能源汽车高速增长，2020 年我国 6m 以上新能源客车销量达到 61044 辆，部分制造公司销量见表 2-2。

表 2-1　2019、2020 年大型客车（10~12m）部分制造公司销量　　　　（单位：辆）

序号	公司名称	2019 销量	2020 销量	序号	公司名称	2019 销量	2020 销量
1	郑州宇通集团有限公司	23929	16643	11	安徽安凯汽车股份有限公司	2019	1520
2	比亚迪股份有限公司	3796	5744	12	南京金龙客车制造有限公司	1984	1102
3	厦门金龙联合汽车工业有限公司	5430	4846	13	珠海广通汽车有限公司	1298	1003
4	中通客车控股股份有限公司	5397	4122	14	中国第一汽车集团有限公司	249	969
5	中车时代电动汽车股份有限公司	4641	3975	15	吉利四川商用车有限公司	407	714
6	金龙联合汽车工业（苏州）有限公司	6115	3373	16	上海申龙汽车有限公司	1616	375
7	北汽福田汽车股份有限公司	4210	2980	17	中兴智能汽车有限公司	199	360
8	厦门金龙旅行车有限公司	4445	2864	18	上海万象汽车制造有限公司	183	354
9	扬州亚星客车股份有限公司	3415	2063	19	丹东黄海汽车有限责任公司	673	252
10	上海申沃客车有限公司	976	1989	20	江铃集团晶马汽车有限公司		169

表 2-2　2020 年 6m 以上部分新能源客车制造公司销量　　　（单位：辆）

序号	公司名称	销量	序号	公司名称	销量
1	郑州宇通集团有限公司	15940	6	安徽安凯汽车股份有限公司	2799
2	比亚迪股份有限公司	9125	7	厦门金龙旅行车有限公司	2753
3	中车时代电动汽车股份有限公司	5503	8	北汽福田汽车股份有限公司	2663
4	中通客车控股股份有限公司	4965	9	凯沃汽车有限公司	2126
5	金龙联合汽车工业（苏州）有限公司	3636	10	上海申沃客车有限公司	2116

2.2.18　台湾省汽车工业简介

1953 年 9 月，严庆龄先生和夫人吴舜文在台湾省台北市建立裕隆汽车公司，台湾省的汽车工业开始起步。1956 年裕隆汽车公司开始引进技术，生产汽车和汽车发动机，9 月试制成功第一辆吉普车（图 2-150）。1958 年，裕隆汽车公司与日本日产公司开始合作生产轿车、货车和公共汽车，并与美国威利斯汽车公司合作生产吉普车。1960 年，裕隆汽车公司与日本日产汽车公司合作生产的蓝鸟牌轿车（图 2-151）问世。

图 2-150　裕隆公司 1956 年制造的
第一批吉普车

图 2-151　YLN-701 型蓝鸟轿车

从 1965 年起，台湾省先后建立了与日本丰田公司合作的六和汽车公司、与日本富士重工合作的三富汽车公司、与日本本田公司合作的三阳工业公司、与日本三菱汽车公司合作的中华汽车工业公司，这些合作企业成为台湾省汽车工业发展的基础。

思考题

1. 简述中国汽车工业创业的艰辛历程。
2. 简述改革开放前我国汽车工业的整体布局和主要汽车品牌。
3. 简述改革开放后我国中外合资汽车工业的发展过程和主要合资生产汽车品牌。
4. 试例举 3~5 家我国近 20 年快速发展的民营股份制汽车公司，简述其创业经历、企业文化和所拥有自主汽车品牌，简要分析公司快速发展壮大的主要原因。

第 3 章
车 标 赏 析

　　汽车商标（简称车标）包括文字商标和图形商标。车标是汽车公司或品牌的象征，或蕴藏着深厚的历史文化，或体现着创业者的理想和追求，或彰显着产品优秀的品质，或包含传奇而动人的故事……本章侧重介绍世界主要汽车公司车标所表达的丰富内涵。

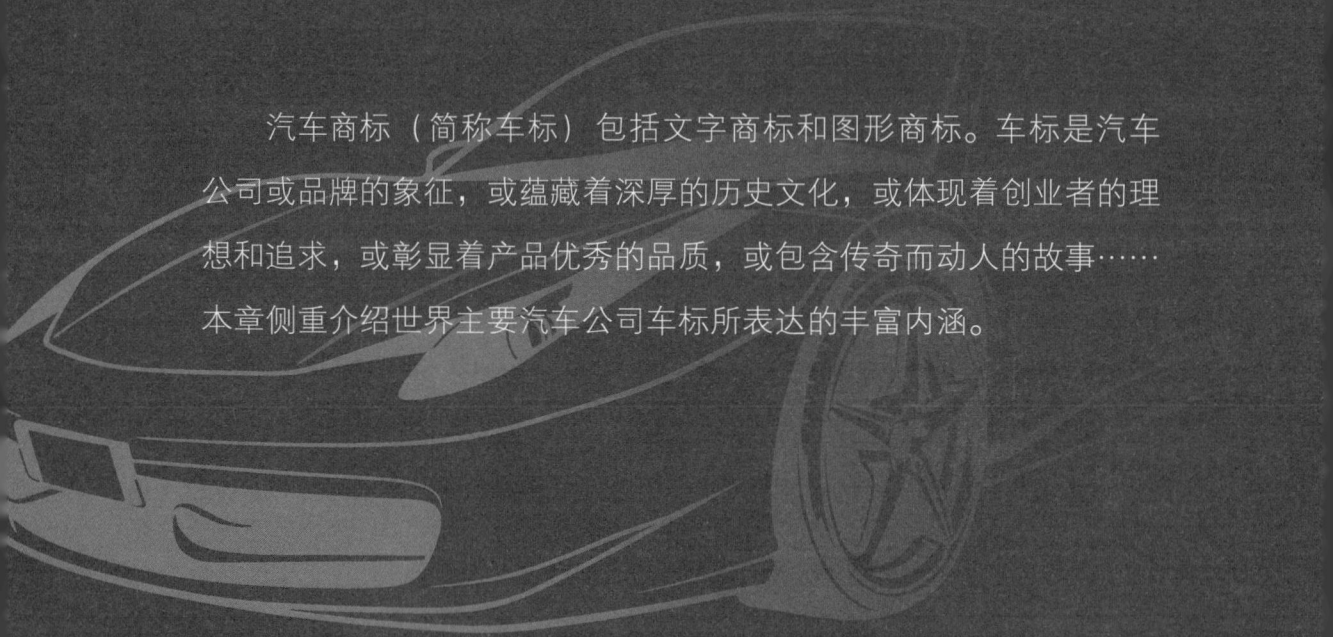

3.1 欧洲主要汽车公司车标

3.1.1 梅赛德斯-奔驰（Mercedes Benz）公司

德国梅赛德斯-奔驰公司由奔驰、戴姆勒两家汽车公司于1926年合并而成，其总部设在德国斯图加特市。其中，奔驰公司由卡尔·本茨创建于1883年，戴姆勒公司由戈特利布·戴姆勒创建于1890年。

1909年，戴姆勒公司开始把三叉星作为其商标，三叉星的外围设计成圆形。戴姆勒公司的汽车产品命名为"梅赛德斯"以后，在三叉星商标里加入了MERCEDES字样。原奔驰公司的车标是一个圆形图徽，中间是BENZ字样，两侧以月桂环绕，代表吉祥、胜利之意（图3-1）。

| 1886 | 1909 | 1916 | 1926 |

图3-1 戴姆勒-奔驰公司车标演变

1926年，奔驰公司与戴姆勒公司合并以后，两者的标志也结合起来，用奔驰的月桂环绕着戴姆勒的三叉星，将MERCEDES字样放在上面，BENZ字样放在下面，形成了奔驰公司最初的商标。

1933年，戴姆勒-奔驰公司对车标进行了简化，只保留了三叉星和外面的圆圈。1989年，公司对三叉星进行了立体处理，形成了一个形似汽车转向盘的环形圈围绕一颗闪闪发光三叉星的车标，下面是以月桂环绕的带Mercedes和Benz字样的底座（图3-2），并一直沿用至今。三叉星象征着该公司向陆海空3个方向发展，环形圈象征着其营销全球。

迈巴赫品牌首创于1919年，创始人是被誉为"设计之王"的威廉·迈巴赫（奔驰公司三位主要创始人之一）。迈巴赫品牌车标（图3-3）由两个交叉的M围绕在一个球面三角形里组成，新的轿车仍采用这个经典的标志，不过其含义与以前有所不同，以前双M代表"迈巴赫汽车"，现在双M代表"迈巴赫制造"。

图3-2 奔驰车标

图3-3 迈巴赫车标

3.1.2 大众集团

德国大众集团总部位于德国沃尔夫斯堡市，旗下拥有大众、奥迪、兰博基尼、保时捷、斯柯达、西雅特、宾利、布加迪、斯堪尼亚等品牌。

3.1.2.1 大众（Volks Wagenwerk）汽车公司

大众汽车公司成立于 1937 年 5 月，大众车标（图 3-4）中叠加的 VW 是德文 Volks Wagen 两个单词的缩写，Volks Wagen 在德文里意思是"大众车"。整个图案形似 3 个叠加的"V"字，表示大众汽车公司产品"必胜—必胜—必胜"。

3.1.2.2 奥迪（Audi）汽车公司

原奥迪公司车标为"奥迪"字样（图 3-5）。1899 年德国人阿古斯特·霍克（Horch）创建了霍克汽车厂，但是后来他失去了对该汽车厂的独自经营权，于是他另立门户，在 1909 年新建一家汽车厂，取名阿古斯特·霍克汽车厂。由于两厂厂名一样，原霍克汽车厂提出控告，法院裁定新建厂改名，但霍克本人想让工厂与自己同名，于是就将自己的姓氏译成拉丁语，即德文 Horch（听）变成了拉丁文 Audi，这样既让厂名带上古典语言的雅味，又延续了原厂名的意义。

图 3-4 大众车标

图 3-5 奥迪原车标

1932 年，奥迪（Audi）、霍克（Horch）、万德勒（Wanderer）和 DKW 4 家公司联合成立了汽车联盟。

二战结束以后，汽车联盟被苏联占领军没收，公司的精英遂转移到巴伐利亚，并于 1949 年在英戈尔斯塔特（Ingolstadt）建立了新汽车联盟。1964 年，新汽车联盟被大众汽车公司收购。1969 年，新汽车联盟与 NSU 汽车公司合并，新公司定名为奥迪-NSU 汽车联盟有限公司，总部设在内卡苏姆。1985 年，奥迪-NSU 汽车联盟公司正式改名为奥迪股份公司。

奥迪车标（图 3-6）是 4 个半径相等紧扣着的圆环，表示该公司当初是由 4 家公司合并而成的，喻示其团结合作的亲密关系和奋发向上的敬业精神。

3.1.2.3 兰博基尼（Lamborghini）汽车公司

兰博基尼汽车公司于 1961 年在意大利摩德纳成立。1998 年，兰博基尼汽车公司被奥迪汽车公司收购，成为大众集团的一个子公司。

兰博基尼的车标（图 3-7）是一头牛，它浑身充满力气，正准备攻击对方，喻意为该公司生产的赛车功率大、速度快、战无不胜。

图 3-6 奥迪车标

图 3-7 兰博基尼车标

3.1.2.4 保时捷（Porsche）汽车公司

1931年3月6日，保时捷设计与研究公司在德国斯图加特正式成立。现在，保时捷成为大众集团旗下品牌。

保时捷车标（图3-8）上部最显眼的位置是公司的名称，车标图案采用的是公司所在地斯图加特市的市徽。图案中央是一匹马，马的上方有"STUTTGART"字样，表明斯图加特市盛产名马；图案左上方和右下方是鹿角图案，表明该地曾是狩猎的场所；右上方和左下方的黄色条纹是成熟麦子的颜色，意味着土地肥沃，年年丰收，红黑相间的颜色象征着人们的智慧。

3.1.2.5 布加迪（Bugatti）汽车公司

布加迪汽车公司创建于1909年，创始人是埃托里·布加迪（Ettore Bugatti）。

二战后，布加迪汽车公司不复存在。1990年，Romano Bugatti重建了布加迪汽车公司，1998年，大众集团收购了这个著名品牌。

布加迪车标（图3-9）是红底白字Bugatti的拼音，正上方是埃托尔·布加迪英文拼写的缩写，椭圆外周均布着60个红色小圆点。

图 3-8 保时捷车标

图 3-9 布加迪车标

3.1.2.6 宾利（Bentley）汽车公司

宾利汽车公司由沃尔特·欧文·本特利（Walter Owen Bentley）于1919年创建，专门生产运动型车。1931年，困境中的宾利汽车公司被劳斯莱斯汽车公司兼并，但仍保持原名。1998年，在宝马汽车公司与大众汽车公司竞购劳斯莱斯汽车公司的竞争中，宝马汽车公司收购了劳斯莱斯品牌而大众汽车公司领走了宾利。

宾利车标（图3-10）是以公司名的第一个字母"B"为主体，两侧有一对翅膀，似凌空翔翔的雄鹰，整个车标庄严又不失霸气，夺目而不显张扬。

3.1.2.7 斯柯达（SKODA）汽车公司

斯柯达汽车公司始建于1894年，总部位于捷克首都布拉格北部一个叫布拉斯拉夫的小镇，是世界上历史最悠久的四家汽车生产商之一。1991 年，斯柯达汽车公司成为德国大众汽车公司的一个子公司。

斯柯达车标（图 3-11）的含义是：巨大的圆环象征着斯柯达为全世界无可挑剔的产品；鸟翼象征着产品行销全世界，向右飞行着的箭头则象征着先进的工艺；中央铺着的绿色代表着绿色环保和可持续发展。

图 3-10　宾利车标

原车标　　现车标

图 3-11　斯柯达车标

3.1.2.8　西雅特（Seat）汽车公司

西雅特汽车公司是西班牙最大的汽车公司，1950 年成立于巴塞罗那，现在是德国大众汽车公司的子公司，以生产中、小型轿车为主。

西雅特车标（图 3-12）是一个艺术化的大写字母"S"，即公司名称"Seat"的首个字母。

3.1.2.9　斯堪尼亚（Scania）汽车公司

斯堪尼亚汽车公司是瑞典的货车及巴士制造厂商之一，于 1900 年在瑞典南部的马尔默成立。1969 年，斯堪尼亚汽车公司与萨博（SAAB）公司合并，成立 Saab-Scania AB 集团，之后于 1995 年分拆，萨博公司生产轿车，而斯堪尼亚汽车公司主要生产货车、巴士及客车等重型车辆。2008 年，斯堪尼亚汽车公司被大众汽车公司收购。

斯堪尼亚车标（图 3-13）中央是神秘的狮身鹰面兽（Griffin），它象征着力量、速度、敏捷与勇气。

图 3-12　西雅特车标

图 3-13　斯堪尼亚车标

3.1.3　宝马（BMW）汽车公司

3.1.3.1　宝马汽车公司

宝马汽车公司（Bayerische Motoren Werke AG）全称为"巴伐利亚机械制造厂股份公司"，于 1916 年创建于德国慕尼黑。

1923 年，宝马汽车公司推出了搭载 FypeIV 航空发动机的 BMW R32 型摩托车，开始启用宝马公司车标并且一直沿用至今。

宝马车标（图 3-14）中的 BMW 是公司全称的缩写，车标采用以蓝白两色为衬底的飞机螺旋桨图案，既显示公司早先在航空发动机技术方面的领先地位，又象征着公司在广阔的时空旅程中，以最创新的科技、最先进的观念来满足消费者最大的愿望。

图 3-14　宝马车标

3.1.3.2　劳斯莱斯（Rolls-Royce）汽车公司

劳斯莱斯汽车公司正式成立于 1906 年 3 月，创始人是查理·罗尔斯（Chary Rolls）和亨利·罗伊斯（Henry Royce）。除了制造汽车，劳斯莱斯汽车公司还涉足飞机发动机制造领域，是世界著名的发动机制造商。2003 年，劳斯莱斯汽车公司被宝马汽车公司收购。

劳斯莱斯车标（图 3-15）采用公司名称中两个字头"R"叠合的图案，体现了创始人 Rolls 和 Royce 你中有我、我中有你的共同团结奋进的精神。

1911 年，劳斯莱斯汽车公司采用了立体的"狂喜之灵"（Spirit of Ecstasy）女神像（也称"飞翔女神"）作为其车标（图 3-16），其创意取自巴黎卢浮宫艺术走廊上的胜利女神像。

3.1.3.3　迷你（Mini）汽车公司

迷你汽车公司曾属于英国罗孚汽车公司，2000 年，罗孚汽车公司将 Mini 汽车公司的经营权交给宝马汽车公司。迷你汽车公司以生产小型两厢车闻名于世。

迷你车标（图 3-17）是长着一对小翅膀的英语大写字母"MINI"，寓意迷你汽车平易近人、亲切可爱的大众时尚风格。

图 3-15　劳斯莱斯车标　　　　图 3-16　"狂喜之灵"车标　　　　图 3-17　迷你车标

3.1.4　标致-雪铁龙（PSA）集团

1976 年，标致汽车公司与雪铁龙汽车公司合并成立了 PSA 集团。

1819 年，标致家族成立了"Peugeot-Frereset Compagie"公司，建立了新的工厂开始生产钟表、缝纫机等产品。阿尔芒·标致接管企业以后，公司开始转向汽车的生产，并于 1889 年推出了以蒸汽机为动力的第一辆标致牌汽车。

标致车标（图 3-18）是一头跃起身子咆哮的雄狮，采用的是公司创建地蒙贝利亚尔所在省的省徽。标致家族原先是做锯条生意的，取雄狮作为其产品商标，代表锯齿像狮子的牙齿那样经久耐磨，锯身像狮子的脊梁那样有弹性，锯条的性能像狮子一样所向无敌。1890 年，在第一辆标致汽车问世后，标致汽车公司将"雄狮"商标作为标致车标。

雪铁龙汽车公司成立于 1919 年，其前身是安德烈·雪铁龙（Andre Citroen）于 1913 年在法国巴黎创建的一家齿轮公司。由于雪铁龙在 1912 年发明了人字形齿轮传动，因此雪铁龙车标（图 3-19）便采用了人字齿轮的两对齿形，以纪念对齿轮工业的贡献，同时也宣扬其产品勇于创新的品质。

图 3-18　标致车标

图 3-19　雪铁龙车标

3.1.5　雷诺（Renault）集团

1898 年，路易斯·雷诺三兄弟在比扬古创建了雷诺公司。二战期间，雷诺公司曾为德国法西斯效劳，在战争结束后，雷诺公司被法国政府收为国有。雷诺汽车公司现已成为法国最大的国有企业。

雷诺车标（图 3-20）是 4 个菱形拼成的图案，象征雷诺三兄弟与汽车工业融为一体，表示雷诺能在无限的（四维）空间中竞争、生存、发展。

3.1.6　菲亚特（FIAT）股份有限公司

3.1.6.1　菲亚特汽车公司

菲亚特汽车公司于 1899 年在意大利都灵市成立，它是世界上第一个生产微型车的汽车生产厂家。菲亚特汽车公司刚开始叫"意大利都灵汽车厂"（Fabbrica Italiana di Automobile Torino），缩写为 FIAT（菲亚特），1943 年公司将 FIAT 确立为其车标。

菲亚特汽车公司的车标几经变迁，最初是盾形的，之后改成椭圆形；1921 年，菲亚特汽车公司开始使用圆形车标；1931 年，菲亚特开始使用在矩形中含有"FIAT"字样的车标。为统一车头上的字体，现在菲亚特汽车公司都是采用此矩形车标（图 3-21）。"FIAT"在英语中有法令、许可的含义，因此在客户心目中，菲亚特汽车具有较高的合法性和可靠性，深得用户信赖。

图 3-20　雷诺车标

图 3-21　菲亚特车标

二战后，菲亚特汽车公司几乎收购了意大利所有的汽车公司，包括法拉利（Ferrari）、蓝旗亚（Lancia）、阿尔法·罗米欧（Alfa Romeo）和玛莎拉蒂（Maserati）等公司，成为意大利汽车行业的霸主。

3.1.6.2　蓝旗亚（Lancia）汽车公司

　　蓝旗亚汽车公司于1906年在意大利都灵市成立，1969年并入菲亚特集团。"蓝旗亚"（Lancia）在意大利语中是长矛之意，是中世纪骑士手中的武器，它喻示了公司的拼搏精神。蓝旗亚车标（图3-22）是在旗帜的后面加上车轮形状的图案，这一图案置于了盾形框架之中。

3.1.6.3　阿尔法·罗米欧（Alfa Romeo）汽车公司

　　阿尔法·罗米欧汽车公司成立于1918年，1984年加入菲亚特集团。阿尔法·罗米欧车标（图3-23）中的图案选用了公司总部所在地米兰市的市徽，这也是中世纪米兰的领主维斯康泰公爵的族徽。车标中左边的十字源于十字军从米兰向外远征的史实；对右边的蛇形图案说法不一：一说是表示蛇正在吞食撒拉逊人，又一说是维斯康泰的祖先曾击退了使城市人民遭受苦难的"龙"。

图3-22　蓝旗亚车标　　　　　图3-23　阿尔法·罗米欧车标

3.1.6.4　法拉利（Ferrari）汽车公司

　　法拉利汽车公司是世界著名的赛车和运动跑车生产厂家，公司成立于1940年，1969年加入菲亚特集团，总部设在意大利的马拉内罗。

　　法拉利车标（图3-24）是一匹黑色跳马。1923年，法拉利参加拉文纳汽车赛时，意大利飞行战斗英雄巴拉克的母亲将儿子盖飞机用的一块印有黄色跳马图案的帆布送给他作为吉祥物。法拉利在这次比赛中获胜，于是便将这匹"跳马"作为自己公司的徽标。后来巴拉克在战斗中牺牲，法拉利就将跳马的颜色改成了黑色。

3.1.6.5　玛莎拉蒂（Maserati）汽车公司

　　玛莎拉蒂汽车公司由玛莎拉蒂家族创建于1926年，以生产豪华跑车闻名，1993年被菲亚特集团收购。

　　玛莎拉蒂车标（图3-25）是在蓝色海面上树立着一柄红色三叉戟，设计灵感来自博洛尼亚市徽尼普顿（Neptune）海神手中的三叉戟，寓意玛莎拉蒂跑车在赛场上所向披靡。

图3-24　法拉利车标　　　　　图3-25　玛莎拉蒂车标

3.1.7 世爵（Spyker）汽车公司

3.1.7.1 世爵汽车公司

世爵品牌诞生于 1880 年，最早在马车制造业享有盛誉。1898 年，世爵汽车公司和卡尔·本茨合作制造世爵-奔驰汽车。因为同年为荷兰女皇威廉敏娜的加冕礼成功制造了黄金典礼马车，并不断为皇室制造御用汽车，因此世爵汽车受到包括荷兰皇室在内的世界各地的王公贵族的青睐，订单纷至沓来，曾被誉为"欧陆的劳斯莱斯"。

因为有制造飞机的历史，世爵汽车公司采用一个水平的飞机螺旋桨穿越镌刻公司座右铭的辐轮作为世爵车标（图 3-26）。车标上"NULLA TENACI INVIA EST VIA"的意思是执着强悍、畅行无阻，是世爵公司的企业箴言。

3.1.7.2 萨博（SAAB）汽车公司

萨博汽车公司是由斯堪尼亚汽车公司和瑞典飞机有限公司合并后成立的，原瑞典飞机公司缩写为 SAAB，后来作为公司轿车的车标。萨博车标（图 3-27）正中是头戴王冠的狮子头像，王冠象征着轿车的高贵，狮子则为欧洲人崇尚的权利象征。半鹰、半狮的怪兽图案象征着一种警觉，这是瑞典南部两个县流行的一种象征，而萨博汽车和航空器的生产就起源在这里。

图 3-26 世爵车标

图 3-27 萨博车标

萨博汽车公司率先将飞机的涡轮增压技术运用到汽车上，成为汽车行业涡轮增压技术的先导者。

3.1.8 沃尔沃（Volvo）集团

沃尔沃公司于 1924 年在瑞典哥德堡成立，是瑞典最大的工业集团。沃尔沃集团汽车品牌主要有雷诺货车、马克货车、沃尔沃货车、沃尔沃客车。

2010 年，中国吉利集团收购了沃尔沃集团的轿车业务。

沃尔沃车标（图 3-28）是铁元素的古老化学符号——里面有一支箭的圆圈，箭头呈对角线方向指向右上角，象征了火星、罗马战神和男性阳刚气质 3 个不同概念，这个车标长期以来一直被人们看成是钢铁工业的象征。中间是沃尔沃公司名称，"Volvo"为拉丁语，是"滚滚向前"的意思，象征着汽车车轮滚滚向前和公司兴旺发达。

3.1.9 罗孚（Rover）汽车公司

罗孚汽车公司于 1877 年在英国成立。1904 年，罗孚汽车公司推出了世界上第一辆拥有中央底盘的汽车。1994 年，罗孚汽车公司被宝马汽车公司收购，后被拆分为名爵（MG）和路虎（Land Rover）两个品牌，2005年其名爵品牌被中国南汽收购，而路虎随后被印度塔塔集团收购。

图 3-28　沃尔沃车标

图 3-29　罗孚车标

罗孚民族是北欧一个勇敢善战的民族，而"Rover"这个词，在英语中包含流浪者、航海者的意思。罗孚车标图案在最初时是采用的是一个站立着的罗孚人，后来车标中站立的罗孚人变成了罗孚人大海船的船头雕像（图3-29）。

3.1.10　阿斯顿·马丁（Aston Martin）汽车公司

阿斯顿·马丁汽车公司建于1913年，创始人是莱昂内尔·马丁和罗伯特·班福德，公司设在英国新港市。

1947年，阿斯顿·马丁汽车公司被拖拉机制造商戴维·布朗收购。同年，戴维·布朗买下了另一家著名超级跑车厂拉贡达公司，将两公司合并后改名为阿斯顿·马丁-拉贡达公司。1987年，阿斯顿·马丁公司成为美国福特汽车公司的全资子公司，在福特公司先进技术和强大财力的支持下，这颗豪华跑车中的明珠重新焕发出迷人的魅力。2007年，福特汽车公司将其以高价卖给了全球最大的独立赛车和车辆技术服务厂商之一的Prodrive公司。

图 3-30　阿斯顿·马丁车标

阿斯顿·马丁汽车公司以生产敞篷旅行车、赛车和限量生产的跑车而闻名世界。阿斯顿·马丁车标（图3-30）是一只展翅飞翔的大鹏，喻示该公司具有像大鹏一样的冲刺速度和远大的志向。

3.1.11　摩根（Morgan）汽车公司

摩根汽车公司是英国赛车制造商，于1910年在英国的梅尔文市成立。摩根汽车公司自建立以来就一直为上流社会人士订做各种轿跑车、敞篷车，它的车形一直保持着复古的绅士风格，在20世纪70年代成为世界著名的高级车生产厂之一。

摩根汽车公司的名称以其创始人摩根（Morgan）的姓氏命名。摩根车标（图3-31）为摩根英文字样，在其两侧带翼，喻示快速飞翔。

3.1.12　莲花（Lotus）汽车公司

莲花（又译为路特斯）汽车公司创建于1951年，是世界著名的运动型汽车制造商，总部设在英国诺维奇（Norwich）。莲花汽车公司曾几度易主，1997 年被马来西亚宝腾（Proton）集团收购。2017 年，吉利控股集团收购了莲花汽车公司 51% 的股份。

莲花车标（图 3-32）中除了公司名称的英文字样外，还有公司创始人柯林·查普曼姓名全称（Anthtony Colin Bruce Chapman）的 4 个英文首字母 ACBC 垒在一起组成的图案。

图 3-31　摩根车标　　　　　　　　　　图 3-32　莲花车标

3.1.13　捷豹（Jaguar）汽车公司

1922 年，威廉·里昂斯与威廉·威斯利共同创立了一家名为燕子（Swallow）的汽车配件公司。1926 年，公司迁往考文垂并开始试制汽车。1936 年，公司更名为捷豹（Jaguar）汽车公司。

1989 年，捷豹汽车公司被美国福特公司收购。2012 年，奇瑞汽车股份有限公司和捷豹路虎汽车公司共同出资组建了奇瑞捷豹路虎汽车有限公司，合资双方股份各占 50%。

Jaguar 也译为美洲豹，其车标（图 3-33）是一只狂奔的美洲豹，矫健勇猛、形神兼备，表现出向前奔驰的力量与速度，象征该车如美洲豹一样驰骋于世界各地。

图 3-33　捷豹车标

图 3-34 所示是部分欧洲其他著名车标。

拉达（俄罗斯）　斯太尔（奥地利）　博通（意大利）　柯尼赛格（瑞典）　德·托马索（意大利）

TVR（英国）　太脱拉（捷克）　毕加索（西班牙）　卡玛斯（俄罗斯）　达西亚（罗马尼亚）

图 3-34　部分欧洲其他著名车标

3.2　美洲主要汽车公司车标

3.2.1　通用（GM）汽车公司

通用汽车公司是由威廉·杜兰特于 1908 年 9 月在别克汽车公司的基础上，并购奥兹莫比尔、凯迪拉克和奥克兰（今天的庞蒂克部）等公司发展起来的，公司总部设在美国汽车城底特律。

目前，通用汽车公司的主要汽车品牌包括雪佛兰、别克、凯迪拉克、奥兹莫比尔、庞蒂亚克、土星、悍马、欧宝（德国）、霍顿（澳大利亚）、大宇（韩国）和伏克斯豪尔（英国）等。

通用车标（图 3-35）上的"GM"字样是通用公司英文名 General Motor Corporation 前两个单词的首字母。

3.2.1.1　凯迪拉克（Cadillac）汽车

凯迪拉克汽车公司成立于 1902 年 8 月，创始人是亨利·利兰（Henry M. Leland）。1909 年，凯迪拉克汽车公司加入通用汽车公司，成为通用汽车公司专门生产豪华汽车的一个分部。

凯迪拉克车标（图 3-36）采用了由冠和盾组成的凯迪拉克家族纹章，以其雅致的图案和丰富的内涵，喻示凯迪拉克车的高贵、豪华、气派。

图 3-35　通用车标

图 3-36　凯迪拉克车标

3.2.1.2　雪佛兰（Chevrolet）汽车

1911 年，威廉·杜兰特和法国赛车手路易斯·雪佛兰（Louis Chevrolet）创建了雪佛兰汽车公司，并于 1918 年加入通用汽车公司。

雪佛兰取自原雪佛兰汽车公司创始人路易斯·雪佛兰的姓氏；雪佛兰车标（图 3-37）是抽象化了的蝴蝶结，象征雪佛兰轿车的大方、气派和风度。

克尔维特（Corrette）是雪佛兰部生产的高级运动汽车的商标，名字是沿用 17 世纪英国一种炮舰的名称，其含义是向当时风行的英国跑车挑战。克尔维特车标（图 3-38）图案是在椭圆内交叉嵌套着两面旗帜，黑白相间的旗帜表示该车是参加公路大赛的运动汽车，红色旗帜上的蝴蝶结表示该车由雪佛兰分部制造，上面的奖杯和花朵则代表夺魁后的欢呼和成功。

图 3-37　雪佛兰车标

图 3-38　克尔维特车标

3.2.1.3　别克（Buick）汽车

1903 年 5 月 19 日，大卫·别克在布里斯科兄弟的帮助下创建了别克（BUICK）汽车公司，公司总部设在底特律附近的弗林特市。不久后别克公司就陷入了困境，后在威廉·杜兰特的资助下，公司才开始兴旺起来。1908 年，杜兰特以别克汽车公司为中心成立了美国通用汽车公司。当通用汽车公司扩大后，别克汽车公司成为通用的第二大汽车公司。

别克车标（图 3-39）是"三利剑"的图案，3 把颜色不同（从左到右为红、白、蓝）并依次排列在不同高度位置上的利剑给人一种积极进取、不断攀登的感觉。它表示别克分部采用顶级技术，刃刃见锋；也表示别克分部培养出的人才是无坚不摧、勇于登峰的勇士。

3.2.1.4　阿德姆·欧宝（Adam Opel）汽车公司

阿德姆·欧宝汽车公司创建于 1862 年，1929 年成为美国通用汽车公司的德国分公司，总部设在德国的吕塞海姆。

欧宝汽车公司传统的"闪电把圆一分为二"车标（图 3-40）最早使用于欧宝 Blitz 载货汽车上。车标中的图案是代表公司的技术进步和发展像闪电一样划破长空、震撼世界，喻示欧宝汽车如风驰电掣，同时炫耀它在空气动力学方面的研究成就。

图 3-39　别克车标

图 3-40　欧宝车标

3.2.2　福特（Ford）汽车公司

1903 年 6 月，由亨利·福特（Henry Ford）创办的福特汽车公司在美国底特律市成立，其总部位于美国密歇根州迪尔伯恩市。

目前，福特集团的汽车品牌有福特（Ford）、林肯（Lincoln）、水星（Mercury）、马自达（Mazda）等。

福特车标（图 3-41）采用蓝底白字——福特英文 Ford 字样，由于创始人亨利·福特喜爱小动物，所以车标设计者将其画成一个小白兔样子的图案。活泼可爱、充满活力的小白兔既象征着福特汽车奔驰在世界各地，也暗示了亨利·福特对动物的宠爱。

图 3-41　福特车标

3.2.2.1 林肯-水星（Lincoln-Mercury）部

1909年，凯迪拉克汽车公司加入通用汽车公司以后，亨利·利兰（Henry M. Leland）与其子受邀继续经营凯迪拉克汽车公司。1917年，第一次世界大战爆发后，利兰父子组建了林肯汽车公司。1922年，林肯汽车公司被福特汽车公司收购。

1935年，公司推出了水星品牌，进军中档车市场。1945年，福特汽车公司正式成立了林肯-水星分部，该部以生产总统座车和其他豪华轿车而闻名于世。

林肯轿车是以美国第16任总统亚伯拉罕·林肯的名字来命名的。其车标（图3-42）是在一个矩形中含有一个闪闪放光的星辰，表示林肯总统是美国联邦统一和废除奴隶制的启明星，也喻示福特·林肯牌轿车光辉灿烂。福特·水星（Mercury）车系用太阳系中的水星作为车标，其图案是在一个圆中有3个行星运行轨迹，很容易让人联想到福特汽车具有太空科技和超时空的创造力。

3.2.2.2 福特（Ford）部

1964年问世的"野马"（MUSTANG）牌跑车是美国著名的跑车之一。

"野马"是墨西哥和美国加利福尼亚州出产的一种名马，它身强力壮、善于奔驰。福特·野马车标（图3-43）采用了一只正在奔驰的野马图案。

"眼镜蛇"跑车是由"野马"跑车改装而成的，该车限量生产7500辆，具有较高的艺术收藏价值。该车上"野马"车标仍在前部，"眼镜蛇"车标则在车的两侧，像是"眼镜蛇"追击"野马"。

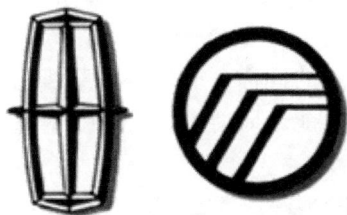

图3-42 林肯·水星车标

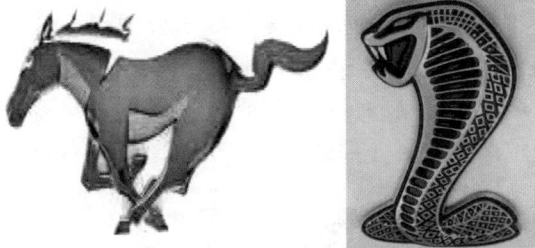

图3-43 福特·野马·眼镜蛇车标

3.2.3 克莱斯勒（Chrysler）汽车公司

克莱斯勒汽车公司创建于1925年，是美国三大汽车公司之一。

克莱斯勒车标（图3-44）曾经是一个正五边形五叉星，很像一枚勋章。它喻示着克莱斯勒汽车奔驰在亚洲、非洲、欧洲、南美洲、北美洲五大洲。1998年9月，克莱斯勒汽车公司与奔驰汽车公司联合组成了戴姆勒-克莱斯勒集团，将其车标改为银色的飞翔车标并在中间融合金色的徽章。2009年，克莱斯勒汽车公司宣告破产，被菲亚特集团公司收购。

3.2.3.1 道奇（Dodge）部

1914年，道奇兄弟创建了道奇（Dodge）汽车公司，1928年道奇汽车公司加入克莱斯勒汽车公司成为其分部。

道奇车标（图3-45）是在一个五边形中有一羊头形象，在汽车上使用小公羊、大公羊两个车标，象征道奇汽车强壮剽悍、善于决斗，喻示道奇部的产品朴实无华、美观大方。

蝰蛇"Viper"跑车是克莱斯勒汽车公司道奇部生产的名车。蝰蛇车标是一个张着血盆大口的蝰蛇，象征其勇猛无比。

图 3-44　克莱斯勒车标　　　　　图 3-45　道奇车标

3.2.3.2　顺风（Plymouth）部

克莱斯勒汽车公司在1928年收购了道奇兄弟公司，以制造大功率轿车并在汽车赛事上屡创佳绩而闻名。

普利茅斯是当年英国向美国迁移僧侣的港口，普利茅斯车标使用了僧侣曾乘坐过的帆船——"珠夫拉瓦（有一帆风顺的含义）号"的图案（图3-46）。

3.2.3.3　飞鹰·吉普（Eagle Jeep）部

20世纪80年代，原美国汽车公司（AMC）被克莱斯勒汽车公司兼并以后，成为其飞鹰·吉普部。飞鹰·吉普车标如图3-47所示。

鹰在美国被喻为神鸟，鹰也是美国人对著名战斗机驾驶人的俚称。所以，克莱斯勒汽车公司取鹰作为吉普部的名称，表示该部具有雄鹰的优秀品质，能迎风搏击，勇攀技术高峰。

图 3-46　普利茅斯车标　　　　　图 3-47　飞鹰·吉普车标

1974年推出的切诺基是吉普发展史上最重要的车型之一。"切诺基"取自美洲印第安部族切诺基土著人，他们世代居住在山区，擅长在山地攀行，以此表示"切诺基"汽车能攀过岩石、涉过泥潭。

3.2.4　特斯拉（Tesla）公司

特斯拉汽车公司（Tesla Motors Inc.）创立于2003年，由马丁·艾伯哈德（Martin Eberhard）和马克·塔彭宁（Marc Tarpenning）共同创立，公司总部位于美国加州硅谷。创始人将公司命名为"特斯拉"，以纪念物理学家、交流电之父尼古拉·特斯拉（Nikola Tesla）。

2004 年，Space X 的创始人埃隆·马斯克（Elon Musk）向特斯拉汽车公司投资 630 万美元并出任该公司董事长。2008 年，特斯拉汽车公司推出了首款车型 Tesla Roadster 电动跑车。2017 年 2 月，特斯拉汽车公司宣布将公司的注册名称改成特斯拉公司。

特斯拉车标（图 3-48）以公司的首字母 T 为核心元素构图而成，字母 T 的主体部分代表电机转子，字母 T 顶部的弧线代表了电机定子，二者构成了电机的部分断面，以此彰显特斯拉电动汽车的品牌特色。

图 3-48　特斯拉车标

3.3　亚洲主要汽车公司车标

3.3.1　中国一汽集团

中国一汽集团前身是创建于 1953 年的第一汽车制造厂，一汽集团总部位于吉林省长春市，旗下拥有解放、红旗、奔腾、夏利、威志、森雅、佳宝等自主品牌。

一汽集团标识（图 3-49）是取"一汽"为核心元素，以"1"为视觉中心，由"汽"字构成展翅的鹰形，构成雄鹰在蔚蓝天空的视觉景象，寓意中国一汽集团鹰击长空、展翅翱翔。

图 3-49　一汽集团标识

红旗车标（图 3-50）包括前车标、后车标和侧车标以及位于转向盘和轮毂上的铭牌标。前车标是一面红旗，代表毛泽东思想伟大旗帜，也象征着奋进向上的红旗精神；后车标"红旗"两个汉字，采用毛泽东为 1958 年创刊的《红旗》杂志亲笔题字。

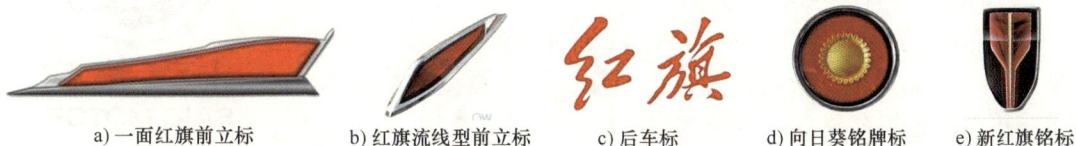

| a) 一面红旗前立标 | b) 红旗流线型前立标 | c) 后车标 | d) 向日葵铭牌标 | e) 新红旗铭标 |

图 3-50　红旗车标

奔腾（BESTUN）品牌自创建以来，秉持持续为用户出行创造惊喜的理念和奔腾向上的精神。奔腾车标（图 3-51）先后 3 次更新，始终突出一汽的"1"字标志，车标图案简洁、明快、庄重、典雅。

2006　　　　2011　　　　2018

图 3-51　奔腾车标

3.3.2 东风汽车集团股份有限公司

东风汽车集团的前身是始建于 1969 年的第二汽车制造厂，集团总部位于湖北省武汉市。旗下拥有风神、风行、风光、岚图等乘用车自主品牌和东风、华神、乘龙等商用车自主品牌。

东风车标（图 3-52）取燕子凌空飞翔时的剪形尾羽作为图案基础，含义是双燕舞东风，二汽的"二"字寓意于双燕之中，外圆代表车轮，翻飞的春燕象征着东风牌汽车车轮不停地旋转。东风车标格调新颖，寓意深远，使人自然地就联想到东风送暖，春光明媚，神州大地生机盎然的景象。

图 3-52　东风车标

图 3-53　岚图车标

岚图品牌是公司高端智能电动车全新品牌，谐音"蓝图"，寓意美好的规划和前景。岚图车标（图 3-53）设计灵感源于《逍遥游》中的鲲鹏展翅，舒展的双翅，自由随性而行，动感的线条展现品牌向上的力量，也体现了追求洁净、创享科技、探索进取的活力。

3.3.3 上海汽车集团股份有限公司

上海汽车集团股份有限公司前身是 1956 年创立的上海汽车装配厂，集团旗下拥有荣威、名爵等自主汽车品牌。

2004 年，公司启用了上汽集团标志（图 3-54），取公司名称首字母 S 设计成一个圆形的图标，中间加上公司英文简称 SAIC，颜色采用蓝白色组合。

图 3-54　上汽集团标志

荣威（Roewe）车标（图 3-55）是两只站立的东方雄狮护卫着华表。狮子是百兽之王，在中国文化中代表着吉祥、威严、庄重，同时在西方文化中狮子也是王者与勇敢精神的象征，其昂然站立的姿态传递出一种崛起与爆发的力量感。图案中间的华表是中华文化中的经典图腾符号，不仅蕴含了民族的威仪，同时具有高瞻远瞩，祈福社稷繁荣、和谐发展的寓意。荣威的命名取意于创新殊荣，威仪四海。

名爵（MG）品牌一直以生产高性能运动轿车著称于世，"运动、激情"是 MG 品牌精神。名爵车标如图 3-56 所示。2005 年 7 月，南京汽车集团有限公司成功收购了英国罗孚 MG 汽车公司。2007 年 4 月，上汽集团全面收购了南京汽车集团，成为 MG 品牌的新主人。

图 3-55 荣威车标

图 3-56 名爵车标

3.3.4 北京汽车集团有限公司

北京汽车集团有限公司简称北汽，前身是 1951 年成立的中国人民解放军第六汽车制配厂，旗下拥有北京牌（BEIJING）、福田、绅宝、威旺、幻速、昌河、极狐（ARCFOX）等自主汽车品牌。

北汽标识（图 3-57）以"北"字为核心，"北"既象征了中国北京，又代表了北汽集团。在艺术造型上，犹如两扇打开的大门，它是北京之门、北汽之门、开放之门、未来之门，标志着北汽更加市场化、集团化、国际化，以全新的、开放包容的姿态启动新的品牌战略。

福田车标（图 3-58）由钻石造型演变而来，象征福田人对品牌优异质量和完美境界的追求，3 条边代表突破、超越、领先的竞争策略。

极狐（ARCFOX）是北汽新能源旗下全新品牌。极狐车标（图 3-59）采用简捷明快的狐狸图案，文字图案 ARCFOX 意为北极之狐，寓意为富有创造力、敢于探索的品牌性格，彰显了纯粹、罕有、本真的品牌特性。

图 3-57 北汽标志

图 3-58 福田车标

图 3-59 极狐车标

3.3.5 长安汽车集团股份有限公司

长安汽车集团股份有限公司成立于 2005 年，总部位于北京，旗下拥有长安、哈飞、赛豹等自主汽车品牌。

长安乘用车标（图 3-60）以"V"为核心创意表现，雄浑刚健的 V 形，好似飞龙在天，龙首傲立于蓝色地球之上，同时又是 Victory 和 Value 的首字母，代表着长安汽车致力于打造世界一流企业的战略愿景和为消费者与股东创造价值的企业责任感。刚柔并济的 V 形恰似举起的双手，传递出长安汽车科技创新、关爱永恒的价值追求。

长安商用车车标（图 3-61）以天体运行轨迹——椭圆为基础，采用"长安"汉语拼音"CHANG AN"中"C"、"A"两个关键发音字母作为其造型设计的基本元素，经过抽象、组合成一个永恒运行的天体、一个攀升的箭头、一个精致的转向盘，又如一辆汽车奔行在公路之上。

图 3-60　长安乘用车车标

图 3-61　长安商用车车标

3.3.6　中国重型汽车集团有限公司

中国重汽集团有限公司前身是始创于 1950 年的济南汽车制造总厂，总部位于山东省济南市，旗下有 SITRAK、HOWO、斯太尔、HOHAN 4 个自主品牌。

中国重汽车标（图 3-62）由 3 块基石和"CNHTC"字母组成，3 块基石分别象征了重汽是由济汽、川汽、陕汽三大主机厂组成的，标志中的"CNHTC"是英文 China National Heavyduty Truck Group CO 的缩写。

图 3-62　中国重汽车标

3.3.7　华晨汽车集团控股有限公司

华晨汽车集团控股有限公司前身是 1991 年成立的沈阳金杯客车制造有限公司，总部位于辽宁省沈阳市，旗下拥有中华和金杯两大自主品牌。

中华车标（图 3-63）由一个代表全球的椭圆和一个由小篆字体演变过来的"中"字组成，象征着代表中国文化的中华汽车走向世界。"中"字线条柔和饱满，简单大气，既代表中华品牌，又有中国文化中的"中正和谐""大道至简"之意；其形状像一个金杯，喻示着中华与金杯的一段渊源故事。

3.3.8　奇瑞汽车股份有限公司

奇瑞汽车股份有限公司成立于 1997 年，总部位于安徽省芜湖市，旗下有奇瑞、瑞麒、威麟、开瑞等汽车自主品牌。

奇瑞原车标（图 3-64）的整体是英文字母 CAC 的艺术化变形，车标中间 A 为一变体的"人"字，预示着公司以人为本的经营理念；徽标两边的 C 字向上环绕，如同人的两个臂膀，象征着团结和力量，环绕成地球形的椭圆状；中间的 A 在椭圆上方的断开处向上延伸，寓意奇瑞汽车公司发展无穷，潜力无限，追求无限。

图 3-63　中华车标

图 3-64　奇瑞原车标

2009年，奇瑞新车标（图3-65）开始启用。新车标以一个循环椭圆为主题，由C、A、C 3个字母组成，中间镶有钻石状立体三角，主色调银色代表着质感、科技和未来。新车标升级成循环椭圆，喻示奇瑞从初期的快速发展，到专注技术、注重品质、依靠科学体系和国际标准流程的战略转型，走上了追求品牌、品质的发展之路。

瑞麒（RIICH）车标（图3-66）由一双展开的飞翼和字母"R"组成，中间的"R"字不仅醒目地展示了瑞麒的品牌标识，也呈现出聚焦稳重的视觉美感。银色飞翼与金色字母的组合，极大地增添了瑞麒标志的品质感，同时展示了追逐更高品质生活、崇尚更高境界人生的强烈希望。

图3-65 奇瑞新车标

图3-66 瑞麒车标

威麟车标（图3-67）以字母"R"和一个圆构成，就像麒麟的脚印。麒麟在中国传统文化中具有古典、活力和智慧的象征意义，被中国人广泛认知和喜爱。威麟借麒麟这样一个美丽的形象为消费者送去平安、吉祥的祝愿。

图3-67 威麟车标

3.3.9 浙江吉利控股集团有限公司

浙江吉利控股集团有限公司始建于1986年，1997年进入汽车行业，公司总部位于浙江省杭州市，旗下拥有吉利、全球鹰、帝豪、英伦、领克、沃尔沃、极星等自主汽车品牌。

吉利车标（图3-68）已历经两次更新。第一代吉利车标采用椭圆徽章式，外圈深蓝色椭圆象征地球，表示面向世界、走向国际化；内圈中的"6个6"象征太阳光芒，同时寓意"六六大顺"。第二代、第三代吉利车标采用蓝宝石盾牌镶嵌图案，盾牌象征了坚固锐气，蓝宝石代表了高贵雍容，洋溢着贵族睿智神韵，蓝宝石又代表天空，黑宝石代表大地。

1998—2013

2014—2018

2019

图3-68 吉利车标

全球鹰车标（图3-69）整体外廓为椭圆形，呈犄角之势，象征着全球化和开拓、奋进、忠诚和使命感，车标中间部分为吉利首字母"G"的变体，又似"6"形状，寓意吉祥顺利。

英伦车标（图 3-70）突出中西合璧的特色，黑色的圆形外圈代表着智慧，中间的左、右两极合成太极图形状。左极在蓝色背景上分布着 6 颗五角星，预示着吉星高照；右极在红色背景上站立着金色不列颠尼亚女神，表示英伦品牌最初起源于英国，6 段金色线条源自于吉利的"六六大顺"，也代表着"团队、学习、创新、拼搏、实事求是、精益求精"的吉利精神。

图 3-69　全球鹰车标

图 3-70　英伦车标

3.3.10　安徽江淮汽车集团有限公司

安徽江淮汽车股份有限公司前身为始建于 1964 年的合肥江淮汽车制造厂，总部位于安徽省合肥市，旗下拥有瑞风、江淮、思皓三大汽车自主品牌。

江淮车标（图 3-71）外部椭圆，象征地球，表示面向世界、走向国际化；椭圆在动态中是最稳定的，喻示及祝愿江淮的事业稳如磐石，在风雨中屹立不倒；内部五针组合体现江淮自强不息，艰苦奋斗，令行禁止，学习创新的新红军精神；象征顾客、员工、股东、上下游合作伙伴及相关方的紧密协作，和谐共赢；表达了江淮汽车公司系统思考、团队学习、协调平衡、追求卓越的企业理念。

3.3.11　长城汽车股份有限公司

长城汽车股份有限公司成立于 1984 年，公司总部位于河北省保定市，旗下有长城、哈弗、炫丽、酷熊、腾翼、欧拉、WEY 派、坦克等自主汽车品牌。

长城车标（图 3-72）是椭圆形整体结构，中间凸起的造型是古老烽火台的仰视形象，而硬朗的线条、挺立的姿态酷似"剑锋和箭头"象征长城汽车蒸蒸日上的活力，敢于亮剑、永争第一的企业精神。

图 3-71　江淮车标

图 3-72　长城车标

2005 年，长城汽车公司首次推出哈弗 SUV 品牌。哈弗以英文名"HOVER"寓意自由翱翔的境界，从 2006 年开始批量出口欧盟，公司重新寻找了一个在英文里没有实际意义、全球发音更一致的单词"HAVAL"作为哈弗车标（图 3-73），采用 *HAVAL* 斜体艺术字体文字图案，赋予品牌丰富内涵。

WEY 派高端 SUV 品牌创立于 2016 年，WEY 派车标（图 3-74）采用了竖型车标，其源自于长城汽车发源地、创始人 Jack Wey 的故乡中国保定的标志性建筑"保定总督府大旗杆"，底下则是英文 Wey（魏）和 POATING（保定），寓意打造中国豪华 SUV 的标杆。

图 3-73　哈弗车标

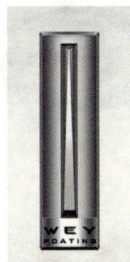

图 3-74　WEY 派车标

3.3.12　比亚迪股份有限公司

比亚迪股份有限公司创立于 1995 年，公司总部位于广东省深圳市，公司旗下有比亚迪、速锐、秦、汉、唐、宋、元自主汽车品牌。

比亚迪原车标由 3 个字母和 1 个椭圆组成，全新车标（图 3-75）取消了椭圆形边界，通过字母变形打开了 3 个字母的封闭空间，寓意比亚迪在未来有更多的可能。BYD（Build Your Dreams）即成就梦想。

3.3.13　广州汽车集团股份有限公司

广州汽车集团股份有限公司的前身是成立于 1997 年的广州汽车集团有限公司，2005 年广州汽车工业集团有限公司、万向集团公司、中国机械工业集团有限公司等 6 家企业共同发起成立广汽集团。2010 年，公司成功打造出传祺高端自主乘用车品牌。

传祺车标（图 3-76）由大写字母 G 演绎而成，G 是广汽集团英文缩写 GAC 的首字母，椭圆形整体外圆象征路路畅通，也代表着全球化、英才、荣耀、卓越和信诺。

图 3-75　比亚迪车标

图 3-76　传祺车标

3.3.14　力帆汽车有限公司

重庆力帆汽车有限公司是重庆力帆集团下属控股的专业汽车生产企业，始建于 1992 年。

力帆车标（图 3-77）将 3 个大写的 L 设计成 3 个帆形排列的图

图 3-77　力帆车标

案，喻意力帆长风破浪；外周采用椭圆徽章造型，喻意稳健与坚韧、安全与呵护，象征着力帆追求卓越品质。

图 3-78 所示为部分其他国内著名车标。

昌河汽车	哈飞汽车	中兴汽车	华泰汽车	东南汽车
江铃汽车	跃进汽车	川汽野马	南汽新雅途	陆风汽车
江南汽车	夏利汽车	福迪汽车	长丰猎豹	黑豹汽车
上海华普	柳州五菱	赛豹汽车	双环汽车	陕汽集团
金旅客车	海格客车	中大客车	宇通客车	金龙客车
蔚来车标	理想车标	小鹏车标	宝骏车标	金杯车标

图 3-78　部分其他国内著名车标

3.3.15　丰田（Toyota）汽车公司

丰田汽车公司的前身是 1933 年纺织机生产商丰田喜一郎在他的纺织机械制作所设立的汽车部，1937 年 8 月 28 日，丰田自动车工业株式会社正式成立。

丰田车标（图 3-79）的大椭圆表示地球，中间两个椭圆垂直组合成一个"T"字代表丰田汽车公司，象征丰田汽车公司立足于未来，对未来的信心和雄心。

雷克萨斯（LEXUS）是丰田汽车公司的豪华车品牌，其车标（图3-80）是在一个椭圆中镶嵌英文"Lexus"的第一个大写字母"L"，并被镶在散热器正中间；车尾标有文字商标"Lexus"，喻示该车驰骋在世界各地的道路上。

图 3-79　丰田车标

图 3-80　雷克萨斯车标

3.3.16　日产（Nissan）汽车公司

日产汽车公司创立于 1933 年。NISSAN 是日语"日产"两个字的拼音形式，含义是"以人和汽车的明天为目标"。其车标（图 3-81）是将 NISSAN 放在太阳上，突出了所在国家的形象。

英菲尼迪（INFINITI）是日产高级豪华轿车品牌，其车标（图 3-82）造型像一条无限延伸的道路，象征着一种永无止境的追求，即创造有全球竞争力的真正的豪华车用户体验和最高的客户满意度。

图 3-81　日产车标

图 3-82　英菲尼迪车标

3.3.17　本田（Honda）技术工业股份有限公司

1946 年，本田宗一郎在日本静冈县滨松市创建了本田技术研究所，1947 年开始生产本田 A 型摩托车，1962 年正式开始生产汽车。

本田车标（图 3-83）是三弦音箱式，即带框的 H。这个车标体现出技术创新，职工完美和经营坚实的特点，同时还有紧张感和可以放松一下的轻松感。

讴歌（ACURA）是本田汽车公司的豪华车品牌，Acura 是拉丁文 A 的意思，加上其外形像精确测量的卡钳（图 3-84），寓意着讴歌代表品牌的车型拥有全球顶级的品质保证和最高造车水平，品牌的核心价值：精确、精密、精致。

图 3-83　本田车标

图 3-84　讴歌车标

3.3.18　三菱（Mitsubishi）汽车公司

　　1870 年，三菱集团的创始人岩崎弥太郎在土佐藩设立了九九商会；1872 年九九商会改名为三川商会，次年改名为三菱商社，三菱的名称沿用迄今。

　　三菱汽车公司采用代表家族徽号的 3 枚菱形钻石为车标，突显其蕴含在雅致的单纯性中的深邃灿烂光华——菱钻式的造车艺术。三菱公司的车标从最初的 3 片树叶演变成后来的 3 个菱形（图 3-85），表达了企业原则：承担对社会的共同责任，诚实与公平，通过贸易达致国际谅解。

3.3.19　马自达（Mazda）汽车公司

　　马自达汽车公司的前身是 1920 年创立的东洋软木工业株式会社，1984 年公司正式更名为马自达汽车公司。1979 年，福特汽车公司购买了该公司 25% 的股份，1996 年继续将拥有的股份扩大到 33.4%，是马自达汽车公司最大的股东。

　　马自达汽车公司与福特汽车公司合作之后采用了新的车标（图 3-86），图案为椭圆中有一只展翅飞翔的海鸥，象征着马自达要展翅高飞、不断技术突破。

图 3-85　三菱车标

图 3-86　马自达车标

3.3.20　现代-起亚汽车集团

3.3.20.1　现代（Hyundai）汽车公司

　　1967 年，郑周永创建了现代汽车公司，经过 50 多年的发展，它已成为韩国最大的汽车生产厂家，并进入世界著名汽车大公司行列。

　　现代车标（图 3-87）是在椭圆中采用斜体字"H"。H 是现代汽车公司英文名

HYUNDAI 的第一个大写字母，它象征现代汽车公司在和谐与稳定中发展。车标中的椭圆代表汽车的转向盘，又可以看作是地球，与其间的 H 结合在一起恰好代表了现代汽车遍布全世界的意思。

3.3.20.2 起亚（Kia）汽车公司

起亚汽车公司始建于 1944 年 12 月，是韩国最早从事汽车生产的公司。起亚的名字源于汉语，意思是"起于东方""起于亚洲"。由于经营不善加上 1997 年亚洲金融风暴引发的韩国金融危机，起亚因巨额债务危机濒临破产，由韩国政府出面令现代集团收购起亚，并成立现代起亚汽车集团。起亚车标如图 3-88 所示。

图 3-87　现代车标　　　　图 3-88　起亚车标

3.3.21 塔塔汽车（Tata Motors）公司

塔塔汽车公司是印度塔塔集团的子公司，成立于 1945 年，在 1954 年与德国戴姆勒-奔驰公司进行合作，1969 年能够独立设计出自己的产品。1999 年，塔塔汽车公司进入乘用车领域，自主开发设计了 Indica 和 Indigo 系列产品。塔塔车标（图 3-89）是在象征着地球的椭圆形正中耸立着的一把铁锤，它既是 TATA 的第一个大写字母，又象征着塔塔集团在印度工业中举足轻重的地位。

图 3-89　塔塔车标

思考题

1. 简述戴姆勒-奔驰公司的历史起源和车标的特点及含义。
2. 简述大众汽车的车标特点和含义。
3. 简述标致-雪铁龙集团旗下的主要汽车品牌和车标内涵。
4. 说明沃尔沃公司的起源和车标含义。
5. 简述通用汽车公司的主要汽车品牌的车标含义。
6. 说明福特车标的特点和含义。
7. 简述红旗车标的特点和文化内涵。
8. 简述奇瑞车标的特点和含义。
9. 说明比亚迪车标的特点和含义。
10. 简述长城汽车主要品牌的车标含义。
11. 简述丰田、日产车标的特点和含义。
12. 简述现代车标的特点和含义。
13. 试分别列举徽章式、浮雕式、文字式各 3 种车标。

第 4 章

世界经典名车

本章侧重介绍高贵典雅的古董老爷车、极速动感的经典跑车、急速狂飙的现代超级跑车、美轮美奂的世界名牌轿车以及享誉世界的商用车。它们是艺术大师的杰作，也是汽车家族的贵族和勇士，每一款车都承载着时代的光荣，折射着智慧的光芒。

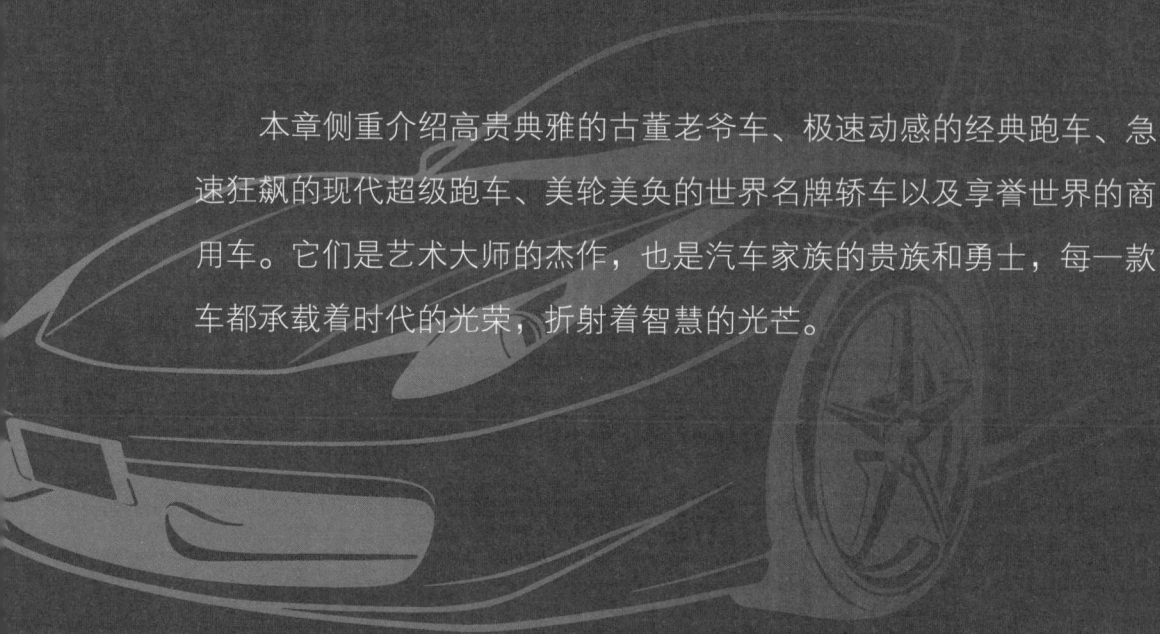

在汽车家族中，古董老爷车以其儒雅的风范、高贵的品质以及深厚的历史文化底蕴令车迷和车辆收藏家魂牵梦绕。

1. 奔驰 Velo

奔驰公司创业开始一直生产三轮汽车，直到 19 世纪 90 年代初才开始研制四轮汽车。1894 年问世的 Benz Velo 汽车（图 4-1）是第一款大批量生产的安装有发动机的小型汽车。

2. 梅赛德斯·奔驰 Type500K

梅赛德斯·奔驰 Type500K 跑车（图 4-2）是 20 世纪 30 年代横扫欧美车坛的一款跑车，刚一问世就夺得 1934 年的德国 2000km 拉力赛的冠军。Type500K 跑车一反德国汽车刻板、肃穆的传统风格，充满美国浪漫情调。它拥有当时世界上最长的翼子板，夸张的轮拱仿佛是大海的波浪，散热器格栅就像是高耸的船首，侧面造型酷似船，是一种典型的"船型"造型。随着二战的爆发，Type 500K 跑车在生产两年之后就宣告停产，前后总共生产了 354 辆，遗存下来的更是寥寥无几，现在奔驰博物馆的藏品是 1970 年从美国收购的，现存的都是古董老爷车中的收藏珍品。

图 4-1　Benz Velo 汽车，1894 年

图 4-2　梅赛德斯·奔驰 Type500K 跑车，1934 年

3. 梅赛德斯·奔驰 Type200

梅赛德斯·奔驰 Type200 轿车（图 4-3）是 1936 年的汽车明星。该车具有极佳的机械性能，其发动机功率为 29.4kW，最高车速为 98km/h。

4. 迈巴赫 W5

迈巴赫（Maybach）品牌首创于 20 世纪 20 年代。基于高超的设计和出众的性能，迈巴赫品牌在 20 世纪三四十年代间迅速风靡欧洲及北美洲，被公众视为财富、地位及品位的象征，是当时唯一能与劳斯莱斯抗衡的超级豪华轿车品牌。

1921 年，W3（16.2/51.3kW）轿车在柏林车展的首次亮相中就赢得了第一次的辉煌，并为迈巴赫品牌树立了技术遥遥领先的豪华轿车形象。1927 年，迈巴赫汽车公司推出了 W5 型轿车（图 4-4），该轿车装备 6 缸直列式发动机，排量为 6992mL，功率高达 88.3kW。

5. 希斯巴诺·苏伊莎 Type 68

1901 年，瑞士著名的机械工程师 Marc Birkigt 和西班牙银行家 Damain Mateu 共同创立了希斯巴诺·苏伊莎（Hispano Suiza）公司。1911 年，希斯巴诺·苏伊莎公司在法国成立了一家公司专门生产豪华汽车。1919—1936 年是希斯巴诺·苏伊莎豪华汽车的黄金时代，生产了 H6B、Type 68（图 4-5）等极品古董车。1936 年，希斯巴诺·苏伊莎公司转向航空业，停止生产汽车。

图 4-3　梅赛德斯·奔驰 Type200 轿车，1936 年

图 4-4　迈巴赫 W5 轿车，1927 年

6. 劳斯莱斯幽灵 II

劳斯莱斯幽灵 II（Rolls-Royce Phantom II）汽车（图 4-6）生产于 1929—1935 年间，共生产了 1681 辆，当时被称为"世界最佳汽车"。它采用直列 6 缸发动机，当时售价为 2800 英镑。现存的已成为古董老爷车的收藏极品。

图 4-5　希斯巴诺·苏伊莎 Type 68 汽车，1934 年

图 4-6　劳斯莱斯幽灵 II 汽车，1930 年

7. 宾利 R-Type Continental

1952 年 6 月，宾利 R-Type Continental 轿跑车（图 4-7）重装上阵，这款极速可达 185km/h 的轿跑车成为当时公认的跑得最快的四座汽车，曾被英国汽车杂志 Autocar 赋予"现代感魔幻宠车"的称号。在此后的几十年里，宾利所有的大陆车型都延续了 R-type 的设计风格。

图 4-7　宾利 R-Type Continental 轿跑车，1952 年

8. 布加迪 Type 41 Royale

布加迪车种是目前古典老爷车中保存量较多的车种，而 1929 年推出的布加迪 Type 41 Royale 汽车（图 4-8）是目前古典老爷车中拍卖价最高的。

图 4-8　Type 41 Royale 汽车，1929 年

9. 斯图兹 DV-32

在 20 世纪 30 年代，斯图兹（Stutz）汽车是与科特、杜森堡等齐名的老爷汽车。斯图兹 DV-32 汽车（图 4-9）的发动机采用 32 气门，功率为 41.2kW，每一辆出厂的汽车都必须达到 160km/h 的测试标准，可以说斯图兹汽车款款都是精品。

10. 捷豹 SS100

捷豹公司在其成立后的第 3 年推出了他们战前最有名的一款汽车——捷豹 SS100 汽车（图 4-10）。这款汽车的速度惊人，极限速度可以达到 160km/h，从 0 到 96km/h 加速只要 6.8s。

图 4-9　斯图兹 DV-32 汽车，1932 年　　图 4-10　捷豹 SS100 汽车，1938 年

11. 奥邦 Boattail V12

1926 年，奥邦公司当时的总经理瑞特·罗本·科特购买了杜森堡（Duesenberg）汽车公司，随后推出了闻名于世的杜森堡 Model J。那时汽车的销售量成倍增长，于是在印第安纳州的 Connersville 成立了科特（Cord）汽车公司，1929 年，科特 L-29 汽车诞生了，这是美国第一辆前轮驱动的汽车。1937 年，美国经济危机冲击了大型豪华汽车市场，奥邦、杜森堡、科特等品牌汽车就随风飘逝了。

奥邦 Boattail V12 汽车（图4-11）是奥邦家族中最经典、最完美的车型，1936 年后该款汽车停止生产。

12. 科特 L-29

科特 L-29 汽车（图 4-12）在 20 世纪 30 年代非常流行，并影响了一代老爷车的收藏者。

该车参加了当时的纽约国际车展和巴黎汽车大奖赛，它的设计融合了杜森堡的车身曲面与奥邦发动机盖的造型风格，采用了 8 缸发动机，功率为 125kW，最高车速达 160km/h。

图 4-11　奥邦 Boattail V12 汽车，1933 年

图 4-12　科特 L-29 汽车，1931 年

13. 杜森堡 Type SJ

杜森堡 Type SJ 汽车（图 4-13）采用直列 8 缸增压式发动机、32 气门、铝合金连杆和活塞、功率为 195kW，每行驶 120km 自动润滑系统就能将底盘全部润滑一次，最高车速达 225km/h。良好的性能配上独特的外形、绚丽的色彩，使之成为一件完美的艺术品，掀开了经典类车的又一篇章。

14. 皮尔斯 Runabout

美国皮尔斯（Pierce-Arrow）公司于 1928 年被 Studebaker 公司兼并，其后生产了几款令人难忘、造型优雅的敞篷车。1933 年，公司重获独立，但终因财政问题于 1938 年被公开拍卖，使皮尔斯汽车成为历史的记忆。图 4-14 所示为 1928 年款的皮尔斯 Runabout 汽车。

图 4-13　杜森堡 Type SJ 汽车，1933 年

图 4-14　皮尔斯 Runabout 汽车，1928 年

15. 奥兹莫比尔 Curved-Dash

奥兹莫比尔 Curved-Dash 汽车（图 4-15）的名字来源于其庄重的弧形挡泥板，它被认为是世界上第一种批量生产的汽车。

16. 凯迪拉克 V16 Pheton

凯迪拉克 V16 Pheton 房车（图 4-16）是通用汽车公司的旗舰房车，是美国历史上打造的最大、最好的房车。它采用的徽标与常用的徽标不同，是 20 世纪 30 年代凯迪拉克特制的女神像。

17. 福特 V-8 型车

福特 V-8 型车（图 4-17）是 20 世纪 30 年代的精品车。该车采用 8 缸发动机，最高车速达 125km/h。

图 4-15 奥兹莫比尔 Curved-Dash 汽车，1904 年

图 4-16 凯迪拉克 V16 Pheton 房车，1931 年

18. 林肯·和风牌轿车

福特汽车公司生产的林肯·和风牌（Lincoln Zephyr）轿车（图 4-18）标志着流线型汽车达到了实用水平，其精心设计的散热器罩动感十足，让人耳目一新。

19. 克莱斯勒·帝王 CL

克莱斯勒·帝王 CL 轿车（图 4-19）被誉为 20 世纪 30 年代最美丽的轿车，总共只生产了 11 辆。其竖向排列的散热器罩、分布于散热器罩左右的大小车灯、显眼的备胎、可折叠的帆布活动顶和庄重的长箱式发动机舱都是 20 世纪 30 年代的代表风格。

图 4-17 福特 V-8 型车，1932 年

图 4-18 林肯·和风牌轿车，1937 年

图 4-19 克莱斯勒·帝王 CL 轿车，1933 年

4.2 经典跑车

跑车堪称轿车中的骄子，能称得上跑车的汽车有两个特征：一是极速较高；二是外形设计新颖、美观，动感十足。

1. 梅赛德斯·奔驰 300SL

梅赛德斯·奔驰 300SL 跑车（图 4-20）出现于 1954 年，它的前身是 1952 年勒芒大赛冠军——梅赛德斯·奔驰 SL 型超级赛车。300SL 跑车继承了奔驰赛车的底盘，采用铝合金管材，三维框架结构，为保证底盘强度，设置了两根粗大的平行侧梁。因为侧梁位置过高，常规的车门被极度压缩而无法使用，无奈之下，设计师只好让车门向上掀，没想到此门一出，举世轰动。打开车门，车子变成振翅欲飞的海鸥，关上车门，它就是疾如风的利箭，令竞争者在它面前都相形见绌。

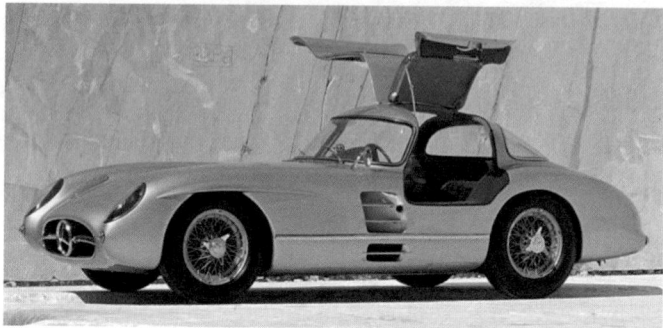

图 4-20　梅赛德斯·奔驰 300SL 跑车，1954 年

300SL 跑车的设计优美、现代，其流线型的外观既降低了风阻，又吸引了观众。另外，它也是世界上第一辆以电控喷油发动机作为标准配备的古典跑车。其发动机最大功率达 176.5kW，极速达 265km/h，从 0 加速到 100km/h 仅需 8.8s，它是那个时代无可争辩的公路之王。

2. 宝马 507

1956 年推出的宝马 507 跑车（图 4-21），其优美的线条毫不夸张，但风度翩翩，引人注目，3.17L 的 V8 发动机能发出 117.7kW 的功率，车速可达 225km/h，从 0 加速到 100km/h 仅需 9s。

宝马 507 跑车有着巨大的成功希望，却被投放到错误的市场。它为美国市场而设计，符合美国人的一切要求，但它在美国遇上了一个可怕的对手——1957 年款的克尔维特跑车。1959 年 3 月，宝马 507 跑车在自己的"美国梦"彻底破灭之后便停产了，总共制造了 252 辆，它几乎把宝马汽车公司带到了绝境。

3. 阿斯顿·马丁 DB4 GT Zagato

1961 年推出的阿斯顿·马丁 DB4 GT Zagato 跑车（图 4-22）是阿斯顿·马丁最受欢迎的系列车型之一，其车身由米兰车身设计商 Zagato 设计。阿斯顿·马丁 DB4 GT Zagato 跑车的发动机压缩比为 9.7∶1，最大功率达 231kW。此车型仅在 1961—1963 年期间限量生产过。

4. 捷豹 E 型车

1961 年 3 月，捷豹汽车公司推出了跑车历史上具有里程碑意义的捷豹 E 型车（图 4-23）。E 型车的外形修长、简洁、俊美，流线型的线条如同水中畅游的海豚，堪称车中"美男子"。

图 4-21　宝马 507 跑车，1956 年

图 4-22　阿斯顿·马丁 DB4 GT Zagato 跑车，1961 年

捷豹 E 型车装有捷豹汽车公司传统的直列 6 缸发动机，双顶置凸轮轴，配 3 个 SU 化油器。最早的型号排量为 3.78L，最大功率为 195kW。3.78L 的 E 型车极速达到了 241km/h，从 0 加速到 100km/h 只用 7s。另外，E 型车还是第一个采用四轮全独立悬架的捷豹汽车，并使用了那个年代很少见的四轮盘式制动器，这为 E 型车提供了优良的操纵性。

5. 莲花·精灵

莲花·精灵跑车（图 4-24）是莲花公司的主力拳头产品。它由著名意大利汽车设计师乔治亚罗设计。1975 年推出时，它那近似三角的扁楔形车身外形代表了一种划时代的设计潮流，一面世就轰动全世界。莲花·精灵跑车的发动机放置在座椅的后面，整个机器安装在一个钢架上，这副钢架将整个传动及悬架系统连接起来，用玻璃纤维制成的车身安装在钢架上，这是莲花车系的构造特点。

图 4-23　捷豹 E 型车，1961 年

图 4-24　莲花·精灵跑车，1975 年

6. 阿尔法·罗米欧 Giulietta Sprint

阿尔法·罗米欧 Giulietta Sprint 是阿尔法汽车公司历史上最伟大的车型之一，其无与伦比的技术、惊世骇俗的设计不仅代表了阿尔法汽车公司，更代表了意大利曾经的辉煌。

Giulietta Sprint 跑车一直生产到 1962 年，其中有 3 个主要的车系列，1962 年最后生产的被简单地叫作 1300 Sprint。所有的 Giulietta 型号在其所在的时代都具有象征性的意义。在 20 世纪 60 年代，Giulietta 跑车常常成为电影中的主角，因此成为小到市民大到明星追逐的目标。图 4-25 所示为 1954 年款的阿尔法·罗米欧 Giulietta Sprint 跑车。

7. 福特·雷鸟

据说雷鸟（Thunderbird）是第一款吸引女性的跑车，它带有精巧的尾鳍、凸出的前照灯，前照灯上方设计了帽檐形装饰，其造型很符合当时人们的审美观念。另外，雷鸟的技术更加成熟，变型更多，适应范围更广，这些因素的综合给雷鸟带来了巨大的市场效益。图 4-26 所示为 1963 年款的福特·雷鸟跑车。

图 4-25　阿尔法·罗米欧 Giulietta Sprint 跑车，1954 年

图 4-26　福特·雷鸟跑车，1963 年

8. AC·眼镜蛇

AC·眼镜蛇跑车（图 4-27）的铝合金车身是汽车史上的美学杰作，匹配一台雷鸣般轰鸣的美国 V8 发动机，变幻出一幅充满刺激的移动风景。

9. 保时捷 959

1985 年问世的保时捷 959 跑车（图 4-28）展示了 20 世纪 80 年代汽车生产技术的最高水平。从 1985 年到 1988 年，保时捷 959 跑车共生产了 283 辆，如今它已成为深受欢迎的经典车型。

图 4-27　AC·眼镜蛇跑车，1965 年

图 4-28　保时捷 959 跑车，1985 年

保时捷 959 跑车装有带双涡轮增压器的 6 缸水平对置式发动机，四轮驱动，最高车速为 317km/h、从 0 加速到 100km/h 只需要 3.7s，这比当时的法拉利 288GTO 跑车分别快了 14km/h 和 1.1s。

1986 年，3 辆保时捷 959 跑车在巴黎—达卡尔汽车拉力赛中取得第一名、第二名、第六名的绝对胜利，成为第一辆夺取这项桂冠的跑车。

10. 捷豹 XJ220

捷豹汽车公司于 1993 年推出的捷豹 XJ220 跑车（图 4-29）是一部近乎完美的艺术品，总共限量生产了 350 辆。捷豹 XJ220 跑车的车长为 4.9m，造型酷似一只向前奔跑的猛虎，其力度与速度感极强。该车采用带有两个涡轮增压器的 V6 发动机，最大功率达到 403kW，从 0 加速至 100km/h 只需 4s。

11. 法拉利 F50

法拉利 F50 跑车（图 4-30）是法拉利汽车公司成立 50 周年之际推出的极品跑车。

法拉利 F50 跑车有着充满动感的外表，强劲的动力，令人震撼的加速度。它搭载一台排量为 4.7L 的 F1 发动机，最高输出功率可达到 382.5kW。

图 4-29　捷豹 XJ220 跑车，1993 年

图 4-30　法拉利 F50 跑车，1995 年

法拉利 F50 跑车强劲的发动机放置在碳纤维材料制成的底盘上，变速器直接放置在发动机的后部，后悬架位于发动机和变速器的下面，由于车的底盘采用碳纤维制成，整车质量只有 1230kg。

12. 兰博基尼·魔鬼

20 世纪 90 年代初，兰博基尼·魔鬼跑车（图 4-31）的出现显示了兰博基尼公司在跑车领域咄咄逼人的竞争态势。它外形奇特，呈前冲之势，车门上翻开启，像两只巨大的翅膀。车体四周有很多不同大小、不同形状的散气孔，充分表露出一种刚烈的性格。

兰博基尼·魔鬼跑车配置 5.7L、V 形 12 缸的发动机，每个气缸配有 4 个气门，其压缩比高达 10∶1，最高输出功率可达 362kW，最大转矩达 580N·m，从 0 加速至 100km/h 所需时间仅为 4.09s，最高车速可达 340km/h。

13. 马自达 RX-7

马自达 RX-7 跑车（图 4-32）是转子发动机跑车，它装有 654mL×2 双缸转子发动机，功率可达 206kW。马自达 RX-7 跑车率先解决了转子发动机排放过高的问题。2002 年 3 月 5 日，马自达汽车公司发布了 3 款最新的 RX-7 "Spirit R" 型号，这也是最后的限量生产的 RX-7 系列转子发动机跑车。

图 4-31　兰博基尼·魔鬼跑车，1996 年

图 4-32　马自达 RX-7 跑车，2002 年

14. 克莱斯勒·道奇·蝰蛇

克莱斯勒·道奇·蝰蛇跑车（图 4-33）为高速双门双座跑车，其造型奇特，节奏起伏的流线型外观是传统跑车精华与完全现代化风格相融合的最佳体现。

该车配备由轻金属制成的 8.0L、V 形 10 缸发动机，这种巨型发动机的最大功率可达到 294kW，配以 6 档手动变速器，使该车具有优异的动力性，最高速度可达 265km/h，从 0 至 100km/h 的加速时间仅为 4.4s。

15. 世爵 C8

世爵 C8 跑车是中置发动机双座跑车，车身以轻量化结构和纯粹的跑车设计元素为特色。世爵 C8 跑车超强的车架全部采用铝合金一次压铸而成，车体外壳由手工技师们倾心完成。每辆世爵跑车都装有电控倾斜上扬车门，由极坚固的轻质铝合金单点铰链连接，前、后可调节不锈钢独立悬架采用了 F1 的技术，它和超级跑车轮胎配合起来，使其以 300km/h 以上的速度行驶时依然有足够的抓地力。

图 4-33 克莱斯勒·道奇·蝰蛇跑车，2003 年

图 4-34 世爵 C8 双 12S 跑车，2004 年

世爵 C8 系列有 5 款车型，包括 Spyder、Spyder T、Laviolette、双 12 R 和双 12 S（图 4-34）。

4.3 现代超级跑车

在所有的汽车当中，最为吸引人们眼球的就数超级跑车了。

超级跑车所拥有的共同的特点：最高车速很高（330km/h 以上），加速非常快（0～100km加速时间小于 4.5s）；车身低矮，流线型好（多为中置发动机后轮驱动）；动力强劲（360kW 以上）；售价高昂（动辄数十万美元）；车身设计美观（10 年以内不会落伍）；限量生产（几十到几百辆）。

生产超级跑车的厂商以法拉利、兰博基尼、保时捷、马莎拉蒂、布加迪等公司为代表，下面以这些公司部分产品为例分别介绍。

1. 法拉利·恩佐跑车

车身总长：4702mm；车身总宽：2035mm；车身轴距：2650mm；发动机形式：65°的 V12 发动机；排量：6.0L；最大功率：485.4kW；最大转矩：657N·m；百公里加速：3.65s；最高车速：360km/h。

法拉利·恩佐跑车（图 4-35）是法拉利第四款限量生产的车型，其他 3 款分别是：1984 年的 288GTO、1987 年的 F40 和 1995 年的 F50。

这辆装备 V12 中置发动机、火红色的双座超级跑车只生产了 349 辆。法拉利·恩佐跑车采用了大量 F1 的技术，并配备 F1 的顺序换档变速器和超大的碳纤陶瓷制动碟。虽然该车的功率高达惊人的 485.4kW，但是却非常容易驾驶。

2. 法拉利 F430 跑车

亮相于 2004 年巴黎车展的法拉利 F430 跑车（图 4-36）秉承了法拉利跑车的经典设计理念，将激情与快感以及美轮美奂的造型风格最大限度地融合；在风驰电掣之间，犹如一匹脱缰的红色野马，载着意大利的狂野，奔向远方。

法拉利 F430 跑车采用排量 4.3L 的 V 型 8 缸发动机，气缸夹角为 90°；最大输出功率为

360.4kW，最大转矩为 465N·m；质量为 1450kg；从 0 加速至 100km/h 只需要 4s，最大速度为 315km/h。另外，法拉利 F430 跑车通过选配方式可采用碳瓷复合材料的制动盘；通过改进变速器等，只需 150ms 便可换档变速；采用车身底板及大型尾部排气孔等，增加了下压力。

图 4-35 法拉利·恩佐跑车，2003 年

图 4-36 法拉利 F430 跑车，2004 年

3. 兰博基尼 Murciélago 跑车

2001 年，兰博基尼汽车公司推出的新款跑车称为 Murciélago（图4-37），西班牙文的意思是"蜘蛛"。

兰博基尼 Murciélago 跑车的发动机是夹角成 60°的 12 缸、6.2L 全铝发动机，采用 VIS（可变几何形状进气系统）和 VVT（凸轮轴可变气门正时系统），电子节气门操纵，从而使发动机输出转矩得到优化，在 2000r/min 的低转速情况下就能够提供充沛的转矩，产生比大多数跑车都高得多的动力，加速度性能特别卓越，从 0 加速至 100km/h 仅需 3.8s。

4. 保时捷 CarreraGT 跑车

车身尺寸：长 4613mm，宽 1921mm，高 1166mm；车身轴距：2730mm；发动机形式：V10 发动机；排量：5.7L；最大功率：450kW；最大转矩：593N·m；百公里加速：3.9s；最高车速：330km/h。

在第 73 届日内瓦汽车展上首次展出的保时捷 CarreraGT 量产款跑车（图4-38），通过采用碳纤维强化树脂（CFRP）材料的Monocoque底盘和副车架，实现了车身的轻量设计；两个离合器片均为陶瓷材料，因此将原来直径达 380mm 的离合器片尺寸缩小到了直径仅 169mm；采用了镁合金车轮；流线型车身、赛车化发动机、澎湃的动力、无与伦比的操控性让每个狂热的车迷为之倾倒。

图 4-37 兰博基尼 Murciélago 跑车，2001 年

图 4-38 保时捷 CarreraGT 跑车，2003 年

保时捷 Carrera GT 跑车 8000r/min 时最大功率为 450kW，最大转矩为593N·m，特制的 6 档手动变速器可以使它在 9.9s 内完成 0—200km/h 的加速。

5. 玛莎拉蒂 MC12 跑车

在 2004 年举行的全球最盛大的汽车运动节——英国伍德沃德汽车节上，阔别 GT 赛 37 年之久的玛莎拉蒂跑车以一款玛莎拉蒂 MC12 跑车（图 4-39）宣告了它的梦幻归来。

玛莎拉蒂 MC12 跑车是一款双座双门敞篷跑车，装有一台 463.4kW、6L、V12 发动机，极速可达 330km/h，从 0 到 100km/h 加速时间仅为 3.8s。玛莎拉蒂 MC12 跑车的车身完全由碳纤维构成，其底盘是由碳纤维和诺梅克斯（一种轻质耐高温芳香族聚酰胺，可用于制宇航服或消防服）组成的蜂窝夹层结构。底盘下的两个铝质支柱作为辅助装备能够有效地吸收冲力，从而带来更好的安全性能。

6. 布加迪威龙 Super Sport 跑车

布加迪威龙 Super Sport 跑车（图 4-40）平均极速为 431km/h，0—100km/h 的加速时间为 2.5s。

2011 款 Veyron Super Sport 跑车使用 W16、8.0L、4 涡轮增压发动机，最大功率达到了 882.6kW，最大转矩为 1500N·m。

图 4-39 玛莎拉蒂 MC12 跑车，2004 年

图 4-40 布加迪威龙 SS 跑车，2011 年

7. 迈凯轮 F1 跑车

迈凯轮汽车公司第一次生产量产跑车始于 1993 年首次亮相的迈凯轮 F1（McLaren F1）跑车（图 4-41），这辆超级跑车当时一经推出，便打破了 386km/h 的极速纪录。

图 4-41 迈凯轮 F1 跑车，1993 年

迈凯轮 F1 跑车拥有来自宝马汽车公司的 6L、12 缸发动机以及超过 456kW 的功率，从 0 加速到 96km/h 只需 3.2s。迈凯轮 F1 跑车开创了超级跑车中的革命性坐舱概念：在座舱中安置 3 个座椅（一前两后）并将驾驶席设在正中央。此举的目的是为了获得和 F1 赛车一般无二的驾驶操控感和最为理想的车身质量分配，这也是它被称为迈凯轮 F1 的原因之一。

8. 帕加尼 Zonda 跑车

帕加尼 Zonda 跑车全球产量仅 40 辆，即使有幸路上巧遇，以它 0～100km/h 加速时间 3.7s 的实力，通常只能对着它模糊的背影望而兴叹。

目前 Zonda 车系包括硬顶版的 Zonda S、Zonda 标准版、敞篷版的 Zonda Roadster。

1999 年，帕加尼公司推出了第一款超级跑车 Zonda C12（风之子），该车采用 6.0L、V12 发动机，最大功率为 300kW，最大转矩为 571.6 N·m；2002 年推出采用 7.3L AMG 发动机的 Zonda C12-S 7.3 跑车（图 4-42），其最大车速跃升至 354km/h。

9. 柯尼希塞尔 CCR 跑车

在 2005 年上海车展上，柯尼希塞尔 CCR 跑车（图 4-43）首次与中国消费者见面。2005 年 2 月 28 日，柯尼希塞尔 CCR 跑车创造了 388km/h 的新纪录，这打破了迈凯伦 F1 跑车在 1993 年创造的 372km/h 的最高车速。

图 4-42　帕加尼 Zonda C12-S 7.3 跑车，2002 年

图 4-43　柯尼希塞尔 CCR 跑车，2005 年

10. SSC Tuatara GT 跑车

2011 年 8 月 5 日，美国的超级跑车制造商西尔贝超跑（SSC）携品牌旗下新一代超级跑车——Tuatara 跑车（图 4-44）正式进军中国市场，这也是 SSC Tuatara 超级跑车在亚洲市场上的首次亮相。

这款车搭载的是 SSC 自主研发的 7.0LV8 双涡轮增压发动机，最大功率可达 993kW，匹配 7 速 SMG 序列式或 7 速手动 H 型变速器，从 0 加速到 100km/h 仅需 2.78s，最大车速可达 443km/h。

11. 蔚来汽车 EP9

2016 年 11 月 21 日，蔚来汽车公司在伦敦举办了成立以来的第一次发布会，发布英文品牌"NIO"、全新 Logo、全球最快电动汽车——EP9 电动汽车（图 4-45）。

图 4-44　SSC Tuatara GT 跑车，2011 年

图 4-45　蔚来汽车 EP9 电动汽车，2016 年

EP9 电动汽车在 2016 年 10 月 12 日德国纽博格林北环赛道进行的测试中，创造了 7min5s 的最快电动汽车圈速，比丰田电动汽车 7min22s 的世界纪录快了 17s。

4.4　世界主要汽车公司品牌

4.4.1　欧洲车系

4.4.1.1　奔驰（Mercedes-Benz）公司品牌

奔驰公司拥有三大汽车品牌：奔驰、迈巴赫和精灵。

C 级轿车是奔驰车系的入门版车，俗名 Baby 奔驰，是奔驰车系中销量最大的车型，也是车型最全的一种：包括轿车版、旅行车版、两厢 COUPE 跑车版。该车外形飘逸、洒脱，工艺镶嵌完美，功能配套周到，选材高档耐用，是一辆价廉物美、无可挑剔的房车。图 4-46 所示为奔驰 C300 轿车。

E 级轿车是奔驰的中型主力轿车，也是奔驰车型中历史最悠久的经典名车。从 1947 年第一代开始，E 级轿车不断地迎合各种不同人士的爱好，并逐渐在行政级市场确立自己的地位。图 4-47 所示为奔驰 E300L 轿车。

图 4-46　奔驰 C300 轿车　　　　图 4-47　奔驰 E300L 轿车

1991 年上市的奔驰 S 级轿车，重达 2 吨的车身坚实无比，车内空间（尤其是后座）可以用"空旷"来形容，其行车感觉是充满韧性的，它的操控系统像是浸在油里面一样，不敏捷，却有一种难以形容的沉实味道。图 4-48 所示是奔驰 600SEL 轿车。

图 4-48　奔驰 600SEL 轿车

德国迈巴赫豪华汽车品牌在沉寂了几十年之后，作为戴姆勒-克莱斯勒集团的独立品牌重出江湖。全新推出的产品包括迈巴赫 57 轿车（图 4-49）和迈巴赫 62 轿车（图 4-50）。两款轿车都具有优雅流畅的外观，豪华舒适的座舱、体贴周到的车内设施，装备了空前强劲的405kW、V12发动机。二者最为显著的区别体现在车身总长度上，分别为5.73m、6.17m，这恰恰也是两款产品名称的由来。

图 4-49　迈巴赫 57 轿车

图 4-50　迈巴赫 62 轿车

4.4.1.2　宝马（BMW）汽车公司品牌

BMW 集团拥有 BMW、迷你和劳斯莱斯 3 个品牌，这些品牌占据了从小型车到顶级豪华轿车各个细分市场的高端。

图 4-51 所示为宝马 325i 轿车。

图 4-52 所示为 2012 年款的宝马混合动力 ActiveHybrid 5 轿车。被誉为"世界五大名房车"之一的宝马 7 系轿车（图 4-53）是宝马汽车的旗舰车型，充分体现了宝马"驾驶乐趣、创新极限"的设计理念。

图 4-51　宝马 325i 轿车

图 4-52　宝马混合动力 ActiveHybrid 5
轿车，2012 年

图 4-53　宝马 7 系高级轿车

4.4.1.3　大众（Volkeswagen）集团品牌

大众集团公司旗下拥有大众、奥迪、宾利、布加迪、兰博基尼以及西班牙的西特

汽车文化 第4版

（Seat）和捷克的斯柯达（Skoda）等轿车品牌，在全球共有 40 多家汽车制造厂，生产 Volk-swagen、Audi、Bentley、Bugatti、Lamborghini、Porsche、Seat、Skoda 和 Scania 九种品牌、多种型号的轿车和商用车。

大众轿车品牌主要有高尔夫（Golf）、柯拉多（Corrado）、波罗（Polo）、捷达（Jetta）、桑塔纳（Santana）、帕萨特（Passat）、宝来（Bora）、朗逸（Lavida）、迈腾（Magotan）、新甲壳虫（New Beetle）、尚酷（Scirocco）、辉腾（Phaeton）、途锐（Touareg）、途观（Tiguan）、开迪（Caddy）、夏朗（Sharan）、途安（Touran）以及 CC 等。

帕萨特轿车是大众公司生产的一款中型的轿车，诞生于 1973 年。1996 年设计的第五代帕萨特 B5 轿车堪称大众汽车的旗舰产品，将中级轿车的价值提升到前所未有的高度。图 4-54 所示为 1998 年款的大众帕萨特轿车。

图 4-54　大众帕萨特轿车，1998 年

从 20 世纪 80 年代末开始，奥迪汽车公司不断推出令人耳目一新的新车型。1988 年 V8 轿车面世，吹响了进军高级豪华车市场的号角。1991 年奥迪 100 系列车型换代，SPIDER 四驱和 AVUS 四驱概念车分别在法兰克福和东京车展上亮相并轰动一时。1994 年，奥迪汽车公司在推出了全铝车身的奥迪 A8 轿车（图 4-55）之后，再次将车身全面提升换代，80/90 改为 A4，100/200 改为 A6。两年后，奥迪汽车公司推出紧凑级别 A3 系列和 TT 跑车。1999 年，全新的小型车 A2 系列和越野轿车"全能四驱"问世。

赛车出身的宾利轿车比较讲究性能，也比较有个性，其经典的造型和漂亮的流畅线条相结合，典雅高贵中有一种含蓄的现代感。此外，它在传统的英式豪华概念中揉进了高科技技术，高速操控性有较大改观。目前宾利有幕尚（Mulsanne）和欧陆（Continental）两大主要车系。图 4-56 是宾利欧陆 GT Speed 勒芒冠军纪念版。

图 4-55　奥迪 A8 轿车

图 4-56　宾利欧陆 GT Speed
勒芒冠军纪念版，2008 年

4.4.1.4 欧宝（Opel）公司品牌

欧宝主要产品是威达（Vectra）、雅特（Astra）及小型车可赛（Corsa），另外还有欧米伽（Omega）、前卫（Frontera）等多款品牌，基本以小型轿车和紧凑型的中级轿车为主。

威达轿车曾连续 3 年获欧洲市场最畅销汽车殊荣，它价格低廉、性能优越，能根据用户的需要加装其他豪华汽车的先进装备，因此畅销欧亚。威达轿车的外表极富流线性，溜圆的车身过渡使它的风阻系数只有 0.29，4 缸 2.0L 发动机发出 84.6kW 的功率，极速可达 193kW/h。图 4-57 所示为 2004 年款的欧宝威达轿车。

雅特轿车配备动态安全（DSA）系统和欧宝独家专利的踏板释放系统（PRS），拥有无可挑剔的安全性能和操纵性能。图 4-58 所示为 2007 款欧宝雅特轿车。

图 4-57 欧宝威达轿车，2004 年

图 4-58 欧宝雅特轿车，2007 年

4.4.1.5 雷诺（Renault）公司品牌

雷诺公司的主要品牌有克里奥（Clio）、甘果（Kangoo）、丽人行（Twingo）、拉古娜（Laguna）、梅甘娜（Megane）、太空（Espace）等。其中，梅甘娜是紧凑车中款式最多的品牌车型。

梅甘娜是雷诺汽车公司最著名的品牌，是基于"感知设计"理念设计的第一款车型。以中低档车为主的梅甘娜轿车设计宗旨之一就是追求尽量完善的安全性能。图 4-59 所示为 2004 年款的梅甘娜 II 轿车。

1996 年，梅甘娜·风景（Scenic）轿车（图 4-60）问世。风景轿车是世界上第一款紧凑型单厢车，一直是欧洲、南美洲畅销的车型，还被欧洲媒体评为"欧洲最佳车"。

图 4-59 梅甘娜 II 轿车，2004 年

图 4-60 梅甘娜·风景轿车，1996 年

4.4.1.6 标致-雪铁龙（PSA）集团品牌

1. 标致（Peugeot）

标致汽车公司主要有 106、107、206、207、306、307、308、406、408、508、607、807

等车系。

标致 206 型

1998 年，标致 206 轿车一经推出就赢得好评如潮，共获得包括德国和日本在内的 20 多个"年度车型"奖项，并被评为 2001 年和 2002 年欧洲最佳销量车型。

206 系列已经发展到今天拥有三门和五门款、敞篷跑车款、掀背款，并可以选择汽油或柴油发动机驱动，功率为 51.5~101.5kW。图 4-61 所示为标致 206CC 轿车。

2. 雪铁龙（Citroen）

雪铁龙 ZX 系列 1991 年在巴黎汽车展上露面，它是在雪铁龙著名的 ZX 越野赛车（三届巴黎-达喀尔拉力赛冠军车）基础上开发的，采用了雪铁龙首创的领先技术——后轮随动转向，此技术最大的优势体现在减振、抗侧倾能力和减少甩尾影响等方面。目前国内组装的神龙富康牌轿车就是 ZX 轿车（图 4-62）。

图 4-61　标致 206CC 轿车

图 4-62　雪铁龙 ZX 轿车

4.4.1.7　劳斯莱斯（Rolls-Royce）公司品牌

劳斯莱斯轿车分 3 个系列：银灰、银羽和银影。银灰系列是黑蓝等深颜色的，只卖给国家元首、政府高级官员、皇室成员和有爵位者；银羽系列为中性颜色，卖给绅士名流；银影系列是灰白色浅色调，卖给一般的集团和富豪。购买劳斯莱斯轿车，光有钱还不够，还得经过资格审查。图 4-63 所示为 2004 年推出的劳斯莱斯百年纪念版 100EX 轿车。

4.4.1.8　菲亚特（FIAT）公司品牌

菲亚特公司旗下的主要轿车品牌有 Albea、Barchetta、Doblo（MPV）、Idea（MPV）、Marea、Multipla、Palio、Panda（SUV）、Punto、Seicento、Siena、Stilo 和 Ulysse 等。

西耶那（Siena）轿车（图 4-64）与先期登陆中国的派力奥轿车同属菲亚特家族"178 世界车"平台。它造型典雅时尚，内部空间宽大舒适，采用全球统一的高质量标准打造，能够充分满足世界不同地区、不同市场的需要。

图 4-63　劳斯莱斯百年纪念版 100EX 轿车，2004 年

图 4-64　西耶那轿车

4.4.1.9　沃尔沃（Volvo）公司品牌

Volvo 汽车按车型分 S、V、C 和 XC 4 个系列。S 系主要产品：S80、S60、S40；V 系：V70、V40；C 系：C70 跑车、C70 敞篷车；XC 系：XC70 和 XC90。

S80 轿车（图 4-65）是沃尔沃经典的豪华旗舰车型，设计独到，精雕细琢，其流畅的车身线条和协调的外观展现出典雅的斯堪的那维亚设计风格。S80 轿车具有超凡驾乘体验，是智能化高级轿车的典范，被称为"世界上最安全的车"之一。

4.4.1.10　绅宝（Saab）公司品牌

绅宝公司的车型包括 900 系列、9000 系列、GM900、9-3、9-5 及 9-2X 等。

1985 年问世的 9000 系列轿车曾被美国公路损失协会（HLDI）评为"全球最安全轿车"。它拥有世界级的豪华设备和罕见的高贵质感，行车感觉舒适宁静，具有欧洲汽车柔而不弱的特点，其车架很具韧性，在任何路面和速度下都有平稳顺畅的表现。图 4-66 所示为 1998 年款的绅宝 9000 CSE 轿车。

图 4-65　沃尔沃 S80 轿车　　　图 4-66　绅宝 9000 CSE 轿车，1998 年

4.4.2　美洲车系

4.4.2.1　通用（GM）汽车公司品牌

通用汽车公司旗下的轿车和货车品牌包括：雪佛兰、别克、凯迪拉克、奥兹莫比、土星、悍马、欧宝（德国）、绅宝（瑞典）、霍顿（澳大利亚）、GMC 和沃豪。

1. 雪佛兰（Chevrolet）系列

雪佛兰部除生产大众化车型之外，还生产各种运动型跑车，其主要轿车品牌有 Aveo、Camaro、Cavalier、Cobalt、Captiva、Corvette、Impala 和 Monte Carlo 等。

科迈罗（Camaro）

科迈罗轿车（图 4-67）是雪佛兰车系中一款经典的跑车，是典型的大排量美式跑车，其车身庞大、功率强劲。

图 4-67　科迈罗轿车

英帕拉（Impala）

英帕拉轿车（图 4-68）是传统风格的超长轿车，第一款于 1958 年推出配置 V8 发动机，后轮驱动。宽大的车身、大量的镀铬件，优雅的造型，使它符合了当时"大就是美"美国家庭轿车流行潮流。

克尔维特（Corvette）

克尔维特跑车是全美唯一的纯正的双人跑车，是美国国宝级跑车，也是通用旗下最高端的超级跑车品牌。作为告别，克尔维特系列推出两款特别车型——收藏版和运动版（图 4-69）。

图 4-68　英帕拉轿车

图 4-69　克尔维特跑车

2. 别克（Buick）系列

别克旗下的主要品牌有世纪（Century）、君越（Le Sabre）、林荫大道（Park Avenue）、君威（Regal）、路霸（Road master）、里维埃拉（Riviera）及云雀（Skylark）等。

路霸（Road Master）

别克汽车公司 1936 年推出的第一代路霸轿车（图 4-70）堪称汽车外观设计的里程碑，它体现了许多别克汽车公司的崭新元素。到 1996 年，第二代路霸轿车停产，并被林荫大道轿车取代。

林荫大道（Park Avenue）

林荫大道轿车的特点是高贵、豪华、舒适、动力强劲等，并成为高端轿车的代表，曾被评价为别克汽车公司推出的所有车型中最具威望的一款。在经历前林荫大道时代之后，1985年林荫大道轿车（图 4-71）作为独立车系诞生。

图 4-70　路霸轿车

图 4-71　林荫大道轿车

3. 凯迪拉克（Cadillac）系列

凯迪拉克轿车是美国汽车的骄傲，也是美国造车技术和工艺的代表作。

都市（De Ville）

都市轿车（图 4-72）是典型的美式豪华大型车，在凯迪拉克系列中，它是最畅销的一款汽车。

塞维拉（Seville）

塞维拉轿车是凯迪拉克车系中唯一的五座车，且是大型车中罕见的前驱动车。它是凯迪拉克系列中走个性化路线的车型，在保证宽敞、豪华、舒适的乘坐环境的同时，提供跑车般的操控性。上海通用汽车公司基于STS平台打造了一款专门针对中国市场的车型——凯迪拉克SLS轿车（图4-73），这款车比STS增加了许多豪华舒适配置。

图4-72 都市轿车

图4-73 凯迪拉克SLS轿车，2008年

弗利特伍德（Fleetwood）

1992年重新推出的弗利特伍德轿车是全球最大型房车，车身设计得四平八稳，悬架柔软舒适，设备豪奢，车头大面积镀铬部分闪闪发光，犹如陆地行走的大船一般。图4-74所示为1996年款的弗利特伍德轿车。

CTS

凯迪拉克CTS轿车（图4-75）是2001年通用汽车公司在凯迪拉克百年大庆前夕推出的一款具有划时代意义的震撼之作。

图4-74 弗利特伍德轿车，1996年

图4-75 凯迪拉克CTS轿车

作为凯迪拉克家族第一部真正意义上的驾驶者之车，CTS轿车全新设计的3.2LV6发动机在6000r/min时可输出161.8kW的功率，最大转矩可达300N·m。

4. 越野之王——悍马（Hummer）系列

1992年，AMG公司推出了Hmmwv的民用车Hummer，即悍马越野车，由于优异的运行性能，被人们誉为"越野车王"。

如今，通用汽车公司已从生产悍马的AM General公司得到了悍马的商标使用权和生产权，悍马H2越野车（图4-76）就是在通用旗下诞生的第一辆悍马。

5. 霍顿（Holden）汽车

霍顿公司拥有很多属于自己成功开发的产品，其中包括中高档轿车Commodore、高档轿车 Statesman/Caprice 和双门跑车 Monaro。

Monaro

现在的 Monaro 跑车是 20 世纪六七十年代大功率汽车的继承者，新的 Monaro 跑车（图 4-77）采用的是通用旗下克尔维特轿车的 LS1 5.7L V8 发动机，百公里加速只需要5.8s。这比起那些超级跑车来说，没有任何值得炫耀的地方，但是这可能正是澳大利亚人造 Monaro 的原因——让普通大众都可以买得起跑车。

图 4-76　悍马 H2 越野车

图 4-77　霍顿 Monaro 跑车

Statesman/Caprice

Statesman/Caprice 轿车（图 4-78）是澳大利亚霍顿汽车公司多年来屹立不倒的旗舰品牌。从 1971 年投产以来，以典雅稳重的造型、高档的配置著称的 Statesman 轿车成为澳大利亚人心目中第一位的本土高档车。

图 4-78　霍顿 Statesman 轿车

4.4.2.2　福特（Ford）汽车公司品牌

福特汽车公司拥有世界著名的汽车品牌：福特（Ford）、林肯（Lincoln）、水星（Mercury）等。

1. 福特（Ford）系列

福特品牌的代表性产品有：T 型车（Model T）、A 型车（Model A）、Thunderbird、Mustang、F 系列（Fseries）、Escort、Taurus、Windstar、Crown Victoria、Maverick、Explorer、Transit、Fiesta 和 Focus。

雷鸟（Thunderbird）

雷鸟轿跑车（图 4-79）属于传统的美式大轿跑车，其最大的特征莫过于其修长的车身线条，它那高高昂起的车头、低沉的尾部和车窗造型，一眼望去酷似一艘乘风破浪的快艇，让人产生一种悠游自在地翘首顾盼的轻松感觉。

野马（Mustang）

野马轿跑车（图4-80）首次亮相是在1964年的纽约世界博览会，在造型上进行了重大的改进，动力更加充沛。野马轿跑车已被逐渐淡忘，福特汽车公司对此也是无能为力，只是采取不断推出特殊款型的办法来吸引顾客，如野马Cobra、Cobra R赛车版与野马Bullitt等。

图4-79 雷鸟轿跑车

图4-80 野马轿跑车

2. 水星（Mercury）**系列**

福特汽车公司在1938年10月正式推出了水星产品。当时的水星轿车配备了强劲的70kW V8发动机，大受欢迎，一年之内就占领了美国2.19%的轿车市场份额。2010年6月，由于汽车市场的紧缩，福特汽车公司正式宣布停止生产水星品牌，具有70多年历史的老品牌逐渐淡出了历史的舞台。

水星系列一直是创新和富于个性的美国车的代表，其著名产品主要有Capri、Cougar、Sable、Villager、Mountainer、Mystique、Grand Marquis、Puma等。

大侯爵（Grand Marquis）

大侯爵轿车在1992年推出，是水星的传统美式6座位大型房车，其设备相当豪华。图4-81所示为2009年款的大侯爵轿车。

3. 林肯（Lincoln）**系列**

林肯品牌的著名产品有：大陆（Continental）、马克八世（Mark Ⅷ）、城市（Town Car）、Navigator、Aviator和LS。林肯汽车的型号名称一般是：紧凑车叫大陆，大型轿车叫城市（Town Car），二门车叫马克。目前在中国使用较多的是林肯城市（Town Car）。

大陆（Continental）

林肯大陆是福特汽车公司于1939年首推的名牌豪华车型，被称为福特汽车公司的传世佳作。大陆轿车（图4-82）在全球大型高级车中率先采用了流线型车身设计，外形呈前低后高的楔形态势，这种形状有利于减少行驶时正面的空气阻力和横风对车身稳定的影响。

图4-81 大侯爵轿车，2009年

图4-82 大陆轿车，2001年

城市（Town Car）

城市轿车（图 4-83）是最常见的林肯汽车，也是林肯车系中最大的一款。其顾客多是有专职司机开车的老板类人物，所以它把最值钱的部分奉献给了后排乘客们去感觉。

林肯 LS 型跑车

林肯 LS 型跑车（图 4-84）是福特汽车公司在传统的豪华车品牌上推出的一款全新运动跑车，它在外观上不超前，在技术上不守旧，并且融合了欧美汽车的优点，因此赢得了市场。

在 1999 年底举办的美国权威杂志《MOTOR TREND》汽车评选上，林肯 LS 型跑车获得了"2000 年世界风云汽车"称号。

图 4-83　城市轿车 2010 年

图 4-84　林肯 LS 型跑车

4.4.2.3　克莱斯勒（Chrysler）公司品牌

1. 克莱斯勒（Chrysler）系列

君王（Concorde）

君王轿车（图 4-85）是 LH 车系中最高级也是最好的车种。LH 车系是克莱斯勒公司改变造车观念及改变公司命运最大的赌注，它替克莱斯勒车系抹掉了"小丑"的恶名。LH 车系拥有同级车型中最大的车身，其独创的 Cab-forward 设计使车内空间异常宽敞。

Chrysler 300 系列

最早的克莱斯勒 300 型车诞生于克莱斯勒公司鼎盛的 50 年代中期，把美国汽车市场的竞争推向了一个追求更高性能的新阶段。

新的 300 系列轿车是由克莱斯勒公司的年轻设计师拉尔夫·吉勒斯（Ralph Gilles）重新设计的。在保留了不少当年的风采——如克莱斯勒车经典的粗大格栅、后轮驱动、垂直的风窗玻璃、修长的引擎盖的同时，300C 轿车（图 4-86）结合了欧洲轿车优异的操控性能，从合作伙伴奔驰汽车公司那里借鉴了许多奔驰轿车的先进技术，包括无级自动变速、电子稳定控制等。

图 4-85　君王轿车，1998 年

图 4-86　克莱斯勒 300C 轿车

2. 道奇（Dodge）系列

道奇轿车品牌主要有：蝰蛇（Viper）、勇士（Interpid）、旅行家（Caravan）、层云（Stratus）、精灵（Spirit）、影子（Shadow）、霓虹（Neon）和小马（Colt）等。

旅行家（Caravan）

旅行家轿车（图4-87）诞生于1984年，是今日流行世界的MPV的鼻祖。

3. 顺风系列（Plymouth）

1928年，克莱斯勒汽车公司将马克斯威尔汽车公司改称普利茅斯部，也称为顺风部。普利茅斯是克莱斯勒汽车公司的著名品牌，它旗下的航海家（Voyger）是最畅销的MPV之一。

普利茅斯·潜行者（Plymouth Prowler）

1997年，顺风部推出普利茅斯·潜行者跑车（图4-88）。这款真正的美国式跑车代表着美国及其民族的文化品质，是一次汽车文化融入世界文化大潮的尝试。

图4-87　旅行家轿车，2011年

图4-88　普利茅斯·潜行者跑车，1997年

4. 鹰·吉普（Eagle Jeep）系列

鹰·吉普部的著名产品有牧马人（Wrangler）和切诺基（Cherokee）。

切诺基吉普车（Cherokee Jeep）

切诺基吉普车是"鹰·吉普部"生产的吉普车（图4-89）。"切诺基"取自美洲印第安部族切诺基人（他们世代居住在山区，擅长在山地攀行），以此表示切诺基汽车能攀过岩石、涉过泥沙，征服任何艰难险阻，到达胜利的彼岸。

图4-89　切诺基吉普车，2005年

4.4.2.4　特斯拉公司品牌

特斯拉公司旗下品牌有Tesla Roadster（图4-90）电动跑车和Tesla Model 3、Tesla Model Y、Tesla Model S（图4-91）、Tesla Model X等电动轿车品牌。

图4-90　Tesla Roadster

图4-91　Tesla Model S

4.4.3　亚洲车系

4.4.3.1　丰田（Toyota）汽车公司品牌

1. 丰田（Toyota）系列

皇冠（Crown）

新皇冠轿车（图4-92）是丰田汽车最大的一个系列，包括比较经济的标准轿车（Saloon）、较高级的超级汽车（Super Saloon）、高级的皇家轿车（Rolyal Saloon）和顶级的至尊轿车（Majesta）4个车系，阵容十分庞大。其车厢宽敞，设备豪华，电气化程度很高，是理想的公务用车。

图4-92　皇冠轿车

佳美（Camry）

佳美轿车（图4-93）有房车、旅行车和轿跑车3种形式，曾被民意测验选为"全球只能生产一种车时最多数人愿意选择的车种"。

陆地巡洋舰（Land Cruiser）

陆地巡洋舰越野车是丰田汽车公司最负盛名的越野车，其以无与伦比的越野性能及耐用性，一直闪耀在世界越野车坛，被世人称为"最可信赖的4WD"。1998年，旗舰产品陆地巡洋舰100越野车（图4-94）问世，其豪华的品质以及出色的越野性能，使陆地巡洋舰无愧于"4WD之王"的美誉。

图4-93　佳美轿车

图4-94　陆地巡洋舰100越野车

2. 雷克萨斯（Lexus）系列

雷克萨斯轿车一向以高性能、合理的价格和完善的服务闻名于世，旗下拥有ES300、GS300、GX470、IS200/300、LS400/430、LX470、RX300/330、SC300/400/430等车型。图4-95所示为雷克萨斯GS轿车。

4.4.3.2　日产（Nissan）汽车公司品牌

日产汽车公司旗下的著名轿车品牌有蓝鸟（Bluebird）、桂冠（Laurel）、地平线（Skyline）、公爵（Cedric）、阳光（Sunny）、风度（Cefiro）、天籁（Teana）以及英菲尼迪（Infiniti）系列等。

1. 日产（Nissan）系列

蓝鸟（Bluebird）是日产公司历史悠久的汽车品牌，从20世纪60年代至今，它已成为日产系列中品种最多的家族。图 4-96 所示为日产公司在 2005 年东京国际车展上展出的蓝鸟 Silphy 轿车。

图 4-95　雷克萨斯 GS 轿车

图 4-96　蓝鸟 Silphy 轿车，2005 年

2. 英菲尼迪（Infiniti）系列

1989 年推出的英菲尼迪轿车（图 4-97）带有一点主观的、我行我素的气质。

4.4.3.3　本田（Honda）公司品牌

本田公司主要汽车产品有雅阁（Accord）、思域（Civic）、CR-V、飞度（Fit）、奥德赛（Odyssey）、序曲（Prelude）以及讴歌（Acura）系列等。

雅阁（Accord）轿车（图 4-98）被誉为"人性轿车"，是全球最畅销的中型房车之一，也是最早登陆我国的中高档轿车之一。

图 4-97　英菲尼迪轿车

图 4-98　雅阁轿车

讴歌（Acura）系列

讴歌轿车（图 4-99）的出现和成功是日本汽车工业向高级轿车市场战略性进军迈出的第一步。

图 4-99　讴歌轿车

4.4.3.4 马自达（Mazda）汽车公司品牌

马自达品牌的代表车型有：323、626、929、Millenia、RX-8、Econovan、Premio、Mazda3、Mazda6、MX 系列、MPV、俊朗系列等。

马自达 RX-8 跑车（图 4-100）于 2003 年春天推出，是一款全新的四门四座型的跑车。这款装有双转子RENESIS发动机的现代跑车，犹如一只伏地欲扑的猎豹，动感十足。

马自达 6 轿车（图 4-101）是马自达汽车公司 21 世纪实施新一轮市场战略所推出的第一个主打车型，拥有动感的内饰外形、优异的操控性、高标准的安全性、宽大的内部空间和精细的做工等。

图 4-100　马自达 RX-8 跑车，2003 年	图 4-101　马自达 6 轿车，2002 年

4.4.3.5 三菱（Mitsubishi）汽车公司品牌

三菱汽车公司的著名轿车品牌有迷你卡（Minica）、Colt、轻骑兵（Lancer）、Gallant、Grandis、Eclipse、钻石（Diamante）、Endeavor（SUV）、帕杰罗（Pajero）越野车以及 3000GT 跑车等。

钻石（Diamante）

钻石轿车（图 4-102）于 1992 年改款后上市，在欧洲和亚洲称为西格玛（Sigma）。其车头格栅的设计建立了新的家族特色，从此三菱汽车找到了自己的独特外形。

4.4.3.6 现代（Hyundai）汽车公司品牌

现代汽车公司主要产品有小马牌（Pony）、超小马牌（Excel）、奏鸣曲（Sonata）、羚羊（Elantra）、Coupe、君爵（XG）、世纪（Centennial）、雅绅（Accent）、索娜塔（Sonata）、特杰（Trajet）及载货车等。

索娜塔（Sonata）轿车（图 4-103）是现代集团最成功的车型之一。

图 4-102　钻石轿车	图 4-103　索娜塔轿车

思考题

1. 以一款古董老爷车为例简述历史文化底蕴与收藏价值。

2. 简述现代超级跑车在结构和性能上有哪些共同特点。为什么说超级跑车是现代汽车科技的集中体现？

3. 社会调查分析：调查分析中、高、低不同消费层次汽车用户对汽车品牌、价格、性能、售后服务等方面的需求差异。

4. 分别以欧洲、美洲、亚洲一款名牌轿车为例说明其历史文化、品牌形象、结构性能特色等方面的差异。

第 **5** 章
汽 车 运 动

汽车运动是指赛车手按照一定的比赛规则驾驶汽车在特定道路或场地上进行的一种体育竞赛。汽车运动作为集汽车最新科技、车手智慧和团队协作于一体的体育竞技，极具挑战性与观赏性。

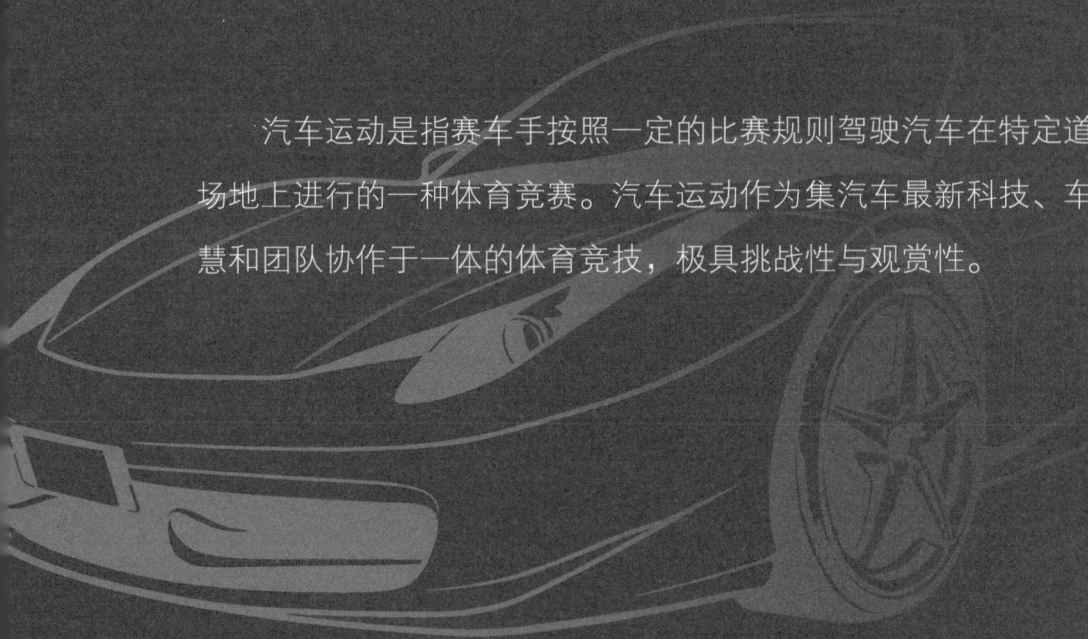

5.1 汽车运动概述

5.1.1 世界汽车运动的起源

1894 年，法国人 Pierre Gifard 组织了世界上第一次汽车比赛，线路由巴黎到鲁昂（Rouen）。参加比赛的汽车共有 102 辆，其中：汽油车 30 辆，酒精汽车 7 辆，蒸汽汽车 28 辆，电动汽车 4 辆，其余各式汽车 33 辆。最后一辆蒸汽汽车率先到达终点。

1900 年法国默伦举行了世界首场赛车场的汽车比赛。1903 年法国汽车俱乐部举办的巴黎-波尔多-马德里的比赛中，有近 300 万名观众在赛道两旁观看比赛，结果赛车在丛林行进中撞向观众，比赛随后被法国、西班牙政府终止。后来，法国政府恢复了比赛，但规定赛道两旁必须围上护栏，而且比赛要在人口稀少的地方举行。这就是最早的封闭赛道。

为了吸引更多的人参加汽车比赛，使比赛更具刺激性和挑战性，法国汽车俱乐部于 1905 年 6 月 26 日、27 日在法国勒芒（Le Mans）市举行了第一次真正意义上的场地世界汽车大奖赛（Grand Prix）（图 5-1）。比赛沿勒芒 65mile 一圈的三角形路线，分两天进行，每天跑 6 圈，全程 770mile。匈牙利车手 Ferenc Szisz 驾驶雷诺赛车获得冠军。从此，勒芒汽车大奖赛成为世界体育舞台上一项非常重要的赛事，小城勒芒也因此闻名于世。

1907 年，第一条专为比赛修建的赛道在英国萨里（Surrey）的布鲁克兰（Brooklands）建成。同年 6 月举行的北京—巴黎汽车赛（图 5-2）可以说是最早的汽车拉力赛，这次汽车赛途经中国长城、塞上高原、戈壁大漠、乌拉尔山脉、莫斯科华沙、柏林、科隆、布鲁塞尔，全程 8000mile。意大利人鲍基斯驾驶着他的"意大利"牌汽车，用时 62 天最先到达巴黎，获得了北京-巴黎汽车大赛的冠军。

图 5-1 1905 年第一次世界性汽车大奖赛上，车手在比赛中给赛车加油

图 5-2 1907 年北京-巴黎汽车赛

美国自 1909 年的印第安纳波利斯竞速比赛开始，在西部修建了很多的椭圆形赛道。1911 年举办的保罗系列赛，成为美国印地车赛的开端。

1911 年，摩洛哥首次举行从欧洲 10 个国家的首都到该国首都蒙特卡罗的长途汽车比赛，由于这次比赛以 Rally（音"拉力"）命名，所以称为汽车拉力赛。

首届世界一级方程式汽车大奖赛于 1950 年 5 月 13 日在英国的银石赛车场举行，是现代方程式汽车运动的里程碑。

5.1.2　国际汽车运动联合会（FIA）

　　1904 年 6 月 10 日，由法国、英国、德国等欧洲国家发起并成立了国际汽车运动联合会（Federation Internationale de I'Automobile，FIA），简称国际汽联，会标如图 5-3 所示，总部设在巴黎。2009 年，FIA 总部迁至瑞士苏黎世。

　　FIA 于 1922 年成立了下属机构"国际汽车运动联合会"（Federation Internationale of Sport Automobile，FISA），其主要任务是制定有关参赛车辆、车手、路线及比赛方法等相应规则，对比赛纪录进行认可。到了 20 世纪 30 年代，FISA 开始规定比赛发动机的类型和气缸排量以及赛车质量。1993 年，FIA 进行机构调整，取消了 FISA 这一机构，汽车赛事由 FIA 下属运动部直接管理。

图 5-3　国际汽车运动联合会会标

　　目前有 125 个国家的 213 个俱乐部、协会、联盟和其他赛车机构加入该组织。FIA 下设两个部门：交通和汽车（Mobilily and the Automobile）部，负责与驾乘人员有关的所有事物，如道路安全、环境和消费者保护等；运动（Sport）部，管理所有与汽车运动（如 F1 大奖赛）有关的事情。FIA 的最高权力机构是 FIA 董事会（General Assembly）。

　　FIA 每年要在约 80 个国家安排包括世界大奖赛、世界锦标赛、世界杯赛及地区赛在内的近 800 场各种国际汽车比赛。

5.1.3　中国汽车摩托车运动联合会（FASC）

　　中国汽车运动联合会（FASC）于 1975 年在北京成立，会徽如图 5-4 所示。1994 年 6 月，中国汽车运动联合会加入国际汽车运动联合会，成为该组织的第 182 个会员。

图 5-4　中国汽车摩托车运动联合会会徽

　　2015 年 10 月 31 日，经民政部批准，中国汽车运动联合会和中国摩托运动协会合并为中国汽车摩托车运动联合会（简称中国汽摩联）。中国汽摩联是中华全国体育总会、国际汽车联合会（FIA）和国际摩托车联合会（FIM）的团体会员。迄今为止，我国已成功开创了一系列场地赛、拉力赛、越野赛，并承办和参加了多次 FIA 重大汽车比赛。

　　目前，中国汽摩联旗下拥有中国房车锦标赛（CTCC）、中国拉力锦标赛（CRC）、中国汽车场地越野锦标赛（COC）、中国电动汽车场地锦标赛（CECC）、全国卡丁车锦标赛等重大赛事。已经形成了上海、珠海和北京三大赛车基地，多次承办 F1、FE、GT 世界锦标赛等重大国际赛事。中国车手也多次出现在世界拉力锦标赛赛、FE、亚太拉力赛、达喀尔拉力赛等著名国际赛事中。

5.1.4　汽车运动的分类

汽车运动种类繁多，按比赛场地分类，汽车运动可分为场地赛和非场地赛两大类，场地赛在封闭比赛场地进行，非场地赛在非封闭比赛场地进行。汽车运动种类见表 5-1。

表 5-1　汽车运动种类和世界重要赛事

分　　类		重要赛事
场地赛	方程式赛	世界一级方程式锦标赛（F1）、FIA GP2、三级方程式（F3） 国际汽联电动方程式世锦赛（FE）
	非方程式场地赛	WEC 勒芒 24 小时耐力赛 世界超级跑车锦标赛 世界房车锦标赛 WTCC 场地越野赛、直线竞速赛
非场地赛	汽车拉力赛	世界拉力锦标赛 欧洲拉力锦标赛 亚太拉力锦标赛 亚洲区拉力锦标赛
	汽车越野赛	巴黎-达喀尔汽车拉力赛

5.1.4.1　场地赛

场地赛的比赛场地是封闭的，主要分为方程式赛和非方程式赛。

1. 方程式赛

所谓方程式赛车是按照国际汽车运动联合会（FIA）规定标准制造的赛车。这些标准对"方程式"赛车的车长、车宽、车重、发动机的功率、排量、是否用增压器以及轮胎的尺寸等技术参数都做了严格的规定。

目前，由国际汽联制定技术规则的方程式比赛有：F1、F3000（或 GP2）、F3、PE。其中，F1——世界一级方程式锦标赛是最高级别的方程式比赛，也是所有汽车比赛中级别最高、最精彩刺激的比赛。F3000 则是车手进军一级方程式赛车世界的前哨战。从 2005 年起 F3000 改为 GP2 系列赛事。

国际汽联电动方程式世锦赛（FIA Formula E Championship）简称 FE，是由国际汽联在 2014 年 9 月开始举办的一项全新赛事，致力于推动新能源汽车的发展，吸引了全球众多厂商的关注。

此外，不同的汽车制造商或运动组织都可以制订相应的技术规则，举办自己的"方程式"比赛，如雷诺方程式、宝马方程式、福特方程式、美国印地车赛、美国卡特车赛、中国方程式大奖赛等。

2. 非方程式场地赛

非方程式赛按比赛项目可分为汽车耐力赛、短道拉力赛、场地越野赛、直线竞速赛等。汽车耐力赛是在规定赛道上进行的长时间连续行驶的比赛。世界上著名的汽车耐力赛有法国勒芒 24h 耐力赛和 FIA GT 赛等。

短道拉力赛是在双车道、立体交叉、环形封闭的砂石赛道内进行的汽车比赛。它可以作为拉力赛其中的一个赛段（超级赛段），也可以是独立组织的一场比赛。比赛设资格赛、复活赛、预赛、半决赛和决赛，采取双人对抗制，两部赛车同时发车，以先到终点者为胜者。

场地越野赛是赛车手在特定的沙丘、沼泽、沙石、陡坡等场地中驾驶专业改装的越野汽车进行的汽车比赛。场地越野赛主要考验参赛车手的驾驶技巧、自救及被救能力和心理素质。

直线竞速赛（Drag Racing）又称为汽车冲刺赛，起源于第二次世界大战后的美国。比赛在两条并列的长 1500m、宽 15m 的直线柏油跑道上进行，实际比赛距离为 1/4mile（402m）或 1/8mile。比赛采用定点从静止发车方法，通过电子仪器测量从发车线到终点线的行驶时间评定成绩。比赛时每两辆车为一组，实行淘汰制，分多轮进行，直至决出冠军。

5.1.4.2　非场地赛

非场地赛的比赛场地基本上是不封闭的，非场地赛主要包括汽车拉力赛、汽车越野赛及汽车登山赛、汽车沙滩赛、汽车泥地赛等。

1. 汽车拉力赛

汽车拉力赛也称为多日赛，是在一个国家或几个国家的公路上和自然道路上分站举行的汽车比赛。

FIA 国际汽车拉力赛每年设有世界拉力锦标赛（14 站）、欧洲拉力锦标赛（11 站）、亚洲拉力锦标赛（6 站）、中东拉力锦标赛（6 站）和非洲拉力锦标赛（5 站）。

比赛在规定的日期内分若干阶段进行，每阶段内设置由行驶路段连接的数个测试速度的赛段，交替进行，每个赛段的长度不超过 30km。比赛采用单个发车方法，每个车组由 1 名驾驶员和 1 名副驾驶员（领航员）组成。以每个车组完成全部特殊路段比赛的时间和在行驶路段所受处罚时间累计计算最终成绩，时间短者名次列前。比赛对行驶路段的行驶时间有严格限制，车组必须按规定的时间依次到每个时间控制点报到，迟到或早到都会受到处罚。

2. 汽车越野赛（Rallycross）

汽车越野赛是在一个或几个国家的公路和自然道路上举行的汽车比赛。经过几个国家的领土、总长度超过 10000km 或跨洲的比赛称为马拉松越野赛。

除国际汽联特别批准外，越野赛的赛程不得超过 15 天，比赛必须在白天进行，采用单车发车方式。比赛每经过 10 个阶段后至少休息 18h。每阶段的行驶距离自定，但每个赛段的最大长度：越野赛规定不超过 350km，马拉松越野赛规定不超过 800km。必须使用在国际汽联注册的全轮驱动汽车参赛。

1996 年，国际汽联首次对越野赛实行世界杯赛制，其中较著名的比赛有巴黎-达喀尔拉力赛、突尼斯国际汽车赛、巴黎至莫斯科至北京马拉松汽车越野赛、阿拉伯联合酋长国沙漠挑战赛等。

5.1.5　汽车运动的魅力

汽车运动具有极大的可观赏性，早已成为世界上有重大影响的体育项目。汽车运动对汽车技术的发展有着巨大的推动作用，促进了许多新结构、新材料、新技术在汽车领域的应用。汽车制造厂把赛车场作为展示自己产品和技术的舞台，把汽车比赛作为树立公司形象和广告宣传的最佳方式，像驰名世界的意大利法拉利跑车、德国奥迪轿车都是通过重大比赛为自己赢得了显赫的国际地位的，日本的本田更是一个通过赛车场从名不见经传的小厂迅速发展壮大的成功范例。中国的长城汽车、吉利汽车等众多国产品牌，逐步在国内外汽车赛事中树立起良好的品牌形象。

5.2　世界一级方程式锦标赛（F1）

世界一级方程式锦标赛是国际汽车运动联合会（FIA）举办的最高等级的年度系列场地赛。F1 与奥运会、世界杯足球赛并称为世界三大体育盛事。

5.2.1　F1 的起源与发展

1950 年 5 月 13 日，首届 F1 比赛在英国的银石赛车场举行（图 5-5），开创了现代方程式汽车运动的历史。

图 5-5　1950 年的银石赛道历史第一场 F1 比赛

首个 F1 年赛季共有 29 支车队、70 位车手参赛，比赛共包含 7 场正式比赛。赛车采用前置的 4.5L 自然吸气发动机或是 1.5L 机械增压发动机。阿尔法-罗密欧车队的意大利车手朱塞佩·法里纳成为 F1 历史上首位世界冠军。

1963 年，F1 比赛首次进入墨西哥；1973 年，巴西大奖赛首次举办，F1 比赛扩大到南美洲。

1987 年，日本大奖赛首次在铃鹿赛道举办，F1 比赛首次进入亚洲；1992 年，澳大利亚大奖赛首次举办；2004 年，中国大奖赛首次在上海国际赛车场举办，F1 比赛进入中国（图 5-6）。图 5-7 为 2019 年中国大奖赛——F1 第 1000 场大奖赛。

图 5-6　2004 年中国大奖赛

图 5-7　2019 年中国大奖赛-F1 第 1000 场大奖赛

F1 大奖赛每年赛季由最初的不足 10 站，到 2000 年赛季增加到 17 站，2012 年赛季达到 20 站，2022 年赛季达到创纪录的 23 站比赛。

伴随着科技进步，赛车的结构性能不断向更加科学、规范的方向演化（图 5-8）。

a) 1958年，后置发动机赛车　　b) 1968年，采用空气动力学套件的赛车
c) 1970年，楔形车头和车手头顶进气口的赛车　　d) 1981年，第一辆具有碳纤维单体壳的赛车
e) 1990年，鼻锥抬起使空气通向底盘的赛车　　f) 2014年，混合动力赛车

图 5-8　F1 赛车结构性能的演化

1958 年，在 Cooper-Climax 赛车上首次采用发动机后置后驱结构方案，随后普及并沿用至今。

1968 年，赛车上第一次加装了尾翼空气动力学套件，开启了赛车的空力动力学时代。

1970 年，莲花 72 型赛车采用楔形车头和车手头顶进气口结构，形成了现代 F1 赛车的雏形。

1981 年，迈凯伦车队打造出了第一辆具有碳纤维单体壳的赛车 MP4/1。

1990 年，特利尔车队 019 型赛车首次把鼻锥抬起，以保证空气通向赛车底盘。

2014 年，所有赛车采用 1.6T V6+ERS 动力单元，开启了混合动力节能环保新时代。

F1 赛车安全、车手安全装备、赛道安全规则不断完善。此外，F1 比赛具备完善高效的医疗救护保障，配备全面的医疗中心、直升机和救护车等。

5.2.2　比赛制度

F1 比赛采用单一年度联赛制度，由 FIA 确定年度年赛季规划，通常在 3 月中旬举办揭幕赛，10 月底结束年赛季。

F1 每个分站大奖赛比赛在一条国际赛道主办，分站大奖赛以该国命名，每个分站产生一名车手冠军和冠军车队。

累计车手全年各分站总积分，积分最高者成为年度车手总冠军。积累各车队的车手全年积分，产生年度车队冠军。

1. 车手和车队

F1 车手需要持有由 FIA 颁发的超级驾照，超级执照只发给在 F3000、F3 等高级方程式赛事表现杰出的车手，全世界每年持有此驾照的不到 100 人。

每支 F1 车队有 2 辆赛车、2 位正式车手和 1 位第三车手。如果正式车手无法参赛，则由第三车手替补参赛。

2. F1 赛车

F1 赛车为四轮外露的单座位纯跑道用方程式赛车，F1 赛车底盘由参赛车队研制，所匹配的动力单元从 FIA 指定的制造商选择。

FIA 对每年度年赛季 F1 赛车制定统一的技术规则，包括赛车尺寸、质量、发动机类型及排量、耗油量和耗油速率、变速器类型及档位数、轮胎规格和种类、制动、转向、悬架、空气动力学、安全装置、安全测试要求等详细的规则。

3. 赛车轮胎

F1 赛车轮胎供应商主要有米其林（Michelin）、普利司通（Bridgestone）、倍耐力（Pirelli）等。从 2011 年赛季到 2022 年赛季，倍耐力（Pirelli）成为 F1 轮胎唯一供应商。

自 2022 年赛季开始，F1 赛车正式启用 18in 轮胎，取代自 1960 年以来的 13in 轮胎。轮胎宽度前胎为 305mm，后胎为 405mm，干胎的直径不超过 725mm，雨胎的直径不超过 735mm。

图 5-9 为 2020 年赛季 F1 轮胎规则。

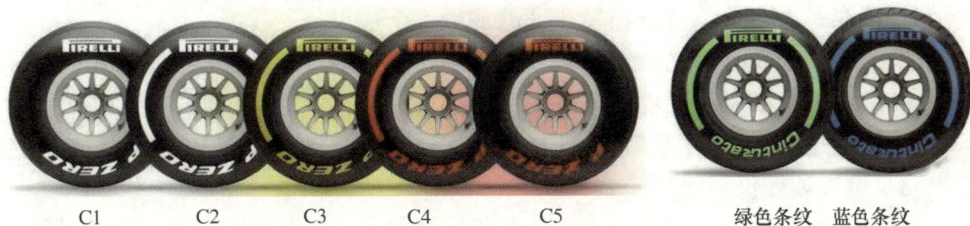

图 5-9　2020 年赛季 F1 轮胎规则

2022 年赛季轮胎规则：

1）13 干胎+7 雨胎：每场比赛，倍耐力会根据 3 种轮胎配方，给每一位车手提供 20 套轮胎使用，包括 13 套干胎和 7 套雨胎。

2）13 套干胎中，由赛会指定 3 套，剩余 10 套轮胎可以由车队在赛前选购。

3）7 套雨胎中，包括 4 套绿色湿地胎和 3 套蓝色全雨胎。如果从自由练习时就开始下雨，会提供更多的雨胎，保证进入到排位赛之前，车队能剩下 7 套轮胎可供使用。

4. F1 计分规则

F1 计分规则经历了 3 次大的变化：

在 2003 年赛季之前每站比赛前 6 名获得积分，依次得到 10、6、4、3、2、1 个积分。

2003 年赛季到 2009 年赛季，每站比赛前 8 名获得积分，依次得到 10、8、6、5、4、3、2、1 个积分。

从 2010 年赛季起至今，每站比赛前 10 名依次得到 25、18、15、12、10、8、6、4、2、1 个积分。若比赛在未达全部赛程 75% 时被迫中止，则积分必须乘上 1/2。从 2014 年赛季起，收官站采用双倍积分，比赛前 10 名依次得到 50、36、30、24、20、16、12、8、4、2 个积分。

车手完成一站比赛总圈数的 90% 为完赛，未完赛的车手没有名次。

F1 最快单圈积分规则：从 2019 年赛季开始，车手在大奖赛中符合取得整场比赛中的最快单圈时间的成绩和进入前 10 名两个条件，才能够获得 1 个年度积分，所效力的车队也获得 1 个年度积。

按车手和车队年度年赛季总积分确定车手总冠军和车队冠军。若最终积分相同，则比较分站冠军数、亚军数、季军数……直到一方比另一方多为止。如果依旧相同，则要比较正赛最快圈速的多少、杆位的多少，终极的方式将通过抽签决定。

5. F1 大奖赛的赛程

F1 每站大奖赛的赛程分为 3 天，包括星期五练习赛、星期六练习赛和测时排位赛、星期日决赛。

（1）自由练习赛　星期五进行两次 1 个小时自由练习赛。除了上年赛季前 4 名的车队之外，其他车队可以派自己的备用赛车上道测试。驾驶备用车的车手在前两年参加 F1 分站赛的数目不能超过 6 站。

星期六上午 1 个小时的练习赛，所有车手必须参加，否则不能参加正式比赛。

（2）排位赛　星期六下午举行排位赛，排位赛分三个阶段：

第一阶段：全部 20 辆赛车可以在第一个 15min 内的任何时候出场。第一个 15min 结束后，最慢的 5 辆赛车被淘汰，将排在发车区的最后 5 个位置。

第二阶段：经过 5min 休息后，计时清零，剩下的 15 辆赛车开始第二个 15min 的比赛，第二个 15min 结束后，最慢的 5 辆赛车被淘汰，将排在发车区第 11 到第 15 的位置。

第三阶段：经过 5min 的休息后，计时清零，剩余的 10 辆赛车在最后 20min 的比赛决定前 10 名的发车位置和杆位。

按每位车手最快单圈的成绩确定正赛的起步排列位置，排位赛成绩第一的车手在正式比赛中排首位，称为杆位（Pole Position）。

若大奖赛有 20（或 22）辆赛车参赛，则第一、二阶段淘汰 5（或 6）辆赛车。

（3）星期日决赛（正赛）　F1 发车信号在距离暖胎圈开始前的 10min、5min、3min、1min 和 15s 会各自熄灭 1 盏，用于提示车队工作人员距离比赛开始的时间。

比赛正式开始前，首先开始暖胎圈 1 圈，暖胎后各赛车驶进发车位，发车位的前后顺序按排位赛的名次确定，按名次交错排成两列，竿位赛车处于最前端的杆位。如果暖胎圈中赛车熄火，则在出发时排在最后；如果车手的赛车在维修站内，车手将在维修站的入口处出发。

发车信号灯先 5 盏红灯一盏一盏地亮，全亮后，5 盏一起熄灭即为发车信号，比赛正式开始。

比赛中，当赛车要被排名靠前的赛车套圈超越时，必须在第一时间减速让行。如果被套圈赛车没有第一时间配合对手超车，将会有工作人员对车手挥动蓝旗，示意尽快避让，当车手被连续挥动蓝旗达到3次时将受到处罚。

比赛中，若因事故或环境原因不能正常比赛时，会有工作人员挥动黄旗、安全车顶灯亮黄灯驶进赛道，所有赛车必须减速跟在安全车后行驶，不得超过其他车和安全车，直到安全车的顶灯亮起绿灯，赛车可以超过安全车，重新恢复比赛角逐。

比赛中途，赛车可以进维修站换胎或维修。进维修站后，车速必须低于100km/h。F1对于维修站中的人数没有限制，一次进站维修通常由17~21个人分工配合，3~5s完成赛车换胎。自2010年赛季以来，取消了正赛中加油，赛前一次性加满燃油。

车手的最后成绩以赛车触到终点线的时间计时，决出名次和有效积分。场内裁判舞动方格旗，赛车绕场庆贺一圈。获大赛冠军、亚军、季军的3名车手和最佳车队代表登上领奖台（图5-10），由承办者为获奖者颁奖，奏冠军车手所属国的国歌和车队所属国的国歌，获奖者高举奖杯、开启香槟庆贺。

a) 发车 b) 弯道角逐

c) 赛中换胎 d) 颁奖仪式

图 5-10　F1 比赛场面

5.2.3　F1 著名车队简介

当今著名的F1车队有法拉利、威廉姆斯、梅赛德斯、迈凯伦、红牛、阿尔派等车队。

1. 法拉利车队

1929年，恩佐·法拉利创办了法拉利车队。法拉利车队从1950年F1创办时就开始参赛，是目前唯一一个参加所有F1的车队，也是F1历史上最具传奇色彩的车队。

1961年、1964年、1975年、1976年、1977年、1979年、1982年、1983年、1999年、

2000 年、2001 年、2002 年、2003 年、2004 年、2007 年、2008 年，法拉利车队均获得了年度车队冠军。

总部：意大利马拉内罗；首次参赛：1950 年 5 月 22 日，摩纳哥蒙特卡洛。

图 5-11、图 5-12 为法拉利车队赛车和 2022 年赛季车手。

图 5-11　法拉利车队赛车

图 5-12　法拉利车队 2022 年赛季车手
夏尔·勒克莱尔（左），小卡洛斯·赛恩斯（右）

2. 威廉姆斯车队

弗兰克·威廉姆斯在 1977 年与帕特里克·翰德搭档创立了威廉姆斯车队。

1980 年、1981 年、1986 年、1987 年、1992 年、1993 年、1994 年、1996 年、1997 年，威廉姆斯车队均获得了年度车队冠军。

总部：英国牛津；首次参赛：1969 年 5 月 04 日；车队总冠军：9 次。

图 5-13、图 5-14 为威廉姆斯车队赛车和 2022 年赛季车手。

图 5-13　威廉姆斯车队赛车

图 5-14　威廉姆斯车队 2022 年赛季车手
尼古拉斯·拉特菲（左），亚历山大·阿尔本（右）

3. 迈凯伦车队

1963 年，布鲁斯·迈凯伦创立了迈凯伦车队。

1974 年、1984 年、1985 年、1988 年、1989 年、1990 年、1991 年、1998 年，迈凯伦车队均获得了年度车队冠军。

总部：英国沃金；首次参赛：1966 年 05 月 22 日，摩纳哥大奖赛。

图 5-15、图 5-16 为迈凯伦车队赛车和 2022 年赛季车手。

图 5-15　迈凯伦车队赛车

图 5-16　迈凯伦车队 2022 年赛季车手
丹尼尔·里卡多（左），兰多·诺里斯（右）

4. 红牛车队

2004 年 11 月，奥地利能量饮料制造商红牛公司收购了福特公司旗下的美洲虎车队，正式更名为红牛车队。

2010 年、2011 年、2012 年、2013 年，红牛车队均获得了年度车队冠军。

总部：英国；首次参赛：1966 年 05 月 22 日，摩纳哥大奖赛；车队总冠军数：4 次。

图 5-17、图 5-18 为红牛车队赛车和 2022 年赛季车手。

图 5-17　红牛车队赛车

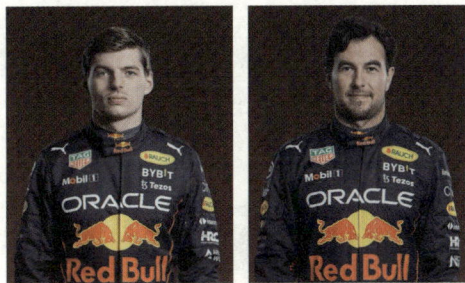

图 5-18　红牛车队 2022 年赛季车手
马克斯·维斯塔潘（左），塞尔吉奥·佩雷兹（右）

5. 梅赛德斯 AMG 车队

梅赛德斯 AMG 车队全称为梅赛德斯 AMG 马石油车队，前身为罗斯·布朗创立的布朗车队。2009 年 11 月，德国梅赛德斯-奔驰公司收购布朗车队 75.1% 的股份，将车队更名为梅赛德斯车队。2012 年，车队更名为梅赛德斯 AMG 马石油车队。

2014 年、2015 年、2016 年、2017 年、2018 年、2019 年、2020 年、2021 年，梅赛德斯 AMG 车队连续 8 年获得年度车队冠军。

总部：英国布拉克利；首次参赛：1954 年，法国大奖赛。

图 5-19、图 5-20 为梅赛德斯 AMG 车队赛车和 2022 年赛季车手。

5.2.4　F1 著名车手简介

每位 F1 车手都是集天赋、斗志及赛车技术于一身的世界车坛的精英，都是经过卡丁车赛、初级方程式、三级方程式（F3）车赛的层层选拔走上 F1 车坛，而成为世界冠军者更是寥若晨星。

图 5-19　梅赛德斯 AMG 车队赛车

图 5-20　梅赛德斯 AMG 车队 2022 年赛季车手
刘易斯·汉密尔顿（左），乔治·拉塞尔（右）

1. 阿亚顿·塞纳（图 5-21）

阿亚顿·塞纳 1960 年 3 月 21 日出生于巴西圣保罗，24 岁时开始了一级方程式赛车的生涯，共参加了 161 场 F1 大奖赛，获得 3 个车手总冠军，41 个单站冠军，80 次登上领奖台，65 次首发纪录。

1994 年 5 月 1 日的 F1 圣马力诺大奖赛伊莫拉赛道的 tamburello 弯道上，阿亚顿·塞纳驾驶的赛车以 300km 的时速脱离赛道撞上混凝土护墙，一代 F1 车坛巨星从此陨落。

2. 迈克尔·舒马赫（图 5-22）

迈克尔·舒马赫 1969 年 1 月 3 日出生于德国赫尔斯-赫尔姆海姆，1991 年在乔丹车队首次参加了 F1 大奖赛，1994 年第 1 次夺得车手总冠军；2004 年第 7 次夺得车手总冠军，是 F1 历史上第一位 7 冠王。

图 5-21　阿亚顿·塞纳（1960~1994）

图 5-22　迈克尔·舒马赫（1969~）

2006 年，迈克尔·舒马赫宣布退役。2010 年初，舒马赫正式宣布复出，加盟梅赛德斯车队。2012 年 10 月 4 日，迈克尔·舒马赫再次宣布退役。2013 年 12 月 29 日，迈克尔·舒马赫在法国阿尔卑斯山区滑雪时发生事故，头部撞到岩石，严重受创。

2020 年国际汽联年终颁奖典礼上，迈克尔·舒马赫获得国际汽联主席特别贡献奖。

3. 基米·莱科宁（图 5-23）

基米·莱科宁 1979 年 10 月 17 日出生于芬兰艾斯

图 5-23　基米·莱科宁

堡，在 2001 年获得 F1 超级驾驶执照，成为索伯车队 F1 车手。

2002 年，基米·莱科宁转会迈凯伦车队。2005 年，基米·莱科宁为迈凯伦车队首次在年赛季中赢得冠军。

2007 年，基米·莱科宁加入法拉利车队，赢得个人职业生涯首个车手总冠军。2008 年，基米·莱科宁成为年度车手榜季军，为法拉利车队夺得车队总冠军。

2010 年，基米·莱科宁告别 F1 转赛 WRC，加盟雪铁龙车队。2012 年，基米·莱科宁重返 F1，签约路特斯车队。

2019 年 2 月 21 日，基米·莱科宁加盟阿尔法·罗密欧竞速 F1 车队。

2021 年 12 月 12 日，基米·莱科宁正式退役。

4. 塞巴斯蒂安·维特尔（图 5-24）

塞巴斯蒂安·维特尔 1987 年 7 月 3 日出生于德国黑彭海姆。

2009 年，塞巴斯蒂安·维特尔首次驾驶红牛赛车出战就获得年度亚军。

2010 年，塞巴斯蒂安·维特尔夺得车手总冠军，同时帮助红牛车队赢得了第一座车队冠军奖杯。2013 年，塞巴斯蒂安·维特尔第 4 次获得 F1 世界冠军，并创造了单年赛季 9 连胜的纪录。

2015 年，塞巴斯蒂安·维特尔转投法拉利车队。2020 年 9 月，塞巴斯蒂安·维特尔于 2021 年赛季加盟阿斯顿·马丁车队。

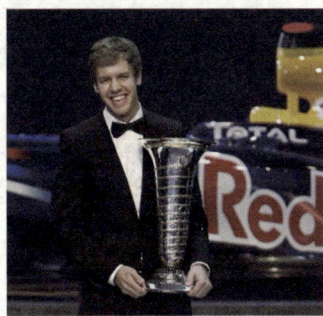

图 5-24　塞巴斯蒂安·维特尔

5. 刘易斯·汉密尔顿（图 5-25）

刘易斯·汉密尔顿 1985 年 1 月 7 日出生于英格兰斯蒂夫尼奇。

2007 年，刘易斯·汉密尔顿初登陆 F1 舞台便创下连续 9 站登领奖台的纪录，最终获得年度亚军。

2008 年，刘易斯·汉密尔顿首次夺得车手总冠军，2014 年再次获得车手总冠军，2015 年第 3 次夺得车手总冠军，2017 年第 4 次获得车手总冠军，2018 年第 5 次获得车手总冠军，2019 年获得第 6 次车手总冠军，2020 年获得第 7 个世界冠军，追平了舒马赫保持的车手总冠军次数纪录。

2020 年 10 月，刘易斯·汉密尔顿获得 2020 年赛季 F1 葡萄牙大奖赛冠军，并以职业生涯 92 胜的战绩成为 F1 历史上获胜场次最多的车手。

图 5-25　刘易斯·汉密尔顿

2021 年 7 月，英国大奖赛正赛在银石赛道结束，刘易斯·汉密尔顿在主场拿到冠军。

5.2.5　F1 赛道

F1 赛道为完全与外界隔绝、封闭的环形，单圈长度 3~7km，赛道宽 7~11m，摊铺上、中、下 3 层沥青路面，整场比赛距离为 300~320km，根据赛道长度确定赛圈数。F1 赛道可分为街道赛道、高速赛道、中速赛道、高速下压力赛道（低速赛道）等类型。根据每年赛季赛程，每年 F1 比赛都要选择 16~20 条赛道举行大奖赛，F1 赛道与大奖赛名称见表 5-2。

表 5-2　F1 赛道与大奖赛名称（部分）

序号	赛道名称	大奖赛名称	单圈长度/km	比赛圈数	首赛年份
1	银石赛道	英国大奖赛	5.891	52	1950
2	蒙特卡洛赛道	摩纳哥大奖赛	3.340	78	1950
3	印第安纳波利斯赛道	美国大奖赛	4.192	73	1950
4	蒙扎赛道	意大利大奖赛	5.793	53	1950
5	霍根海姆赛道	德国大奖赛	4.574	67	1951
6	罗德里格斯兄弟赛道	墨西哥大奖赛	4.421	71	1963
7	英特拉格斯赛道	巴西大奖赛	4.309	71	1973
8	吉尔-维伦纽夫赛道	加拿大大奖赛	4.361	70	1978
9	斯帕赛道	比利时大奖赛	7.005	44	1985
10	亨格罗宁赛道	匈牙利大奖赛	4.381	70	1986
11	铃鹿赛道	日本大奖赛	5.807	53	1987
12	伊莫拉赛道	圣马力诺大奖赛	4.933	62	1988
13	马尼库尔赛道	法国大奖赛	4.411	70	1991
14	加泰罗尼亚赛道	西班牙大奖赛	4.730	66	1991
15	阿尔伯特公园赛道	澳大利亚大奖赛	5.303	58	1992
16	纽博格林赛道（德国）	欧洲大奖赛	5.148	60	1995
17	雪邦赛道	马来西亚大奖赛	5.543	56	1999
18	麦纳麦萨基尔赛道	巴林大奖赛	5.412	57	2004
19	上海国际赛道	中国大奖赛	5.451	56	2004
20	伊斯坦布尔赛道	土耳其大奖赛	5.340	57	2005
21	新加坡街道赛道	新加坡大奖赛	5.073	61	2008
22	瓦伦西亚赛道（西班牙）	欧洲大奖赛	5.4735	57	2008
23	阿布扎比亚斯码头赛道	阿布扎比大奖赛	5.554	55	2009
24	索契赛道	俄罗斯大奖赛	5.853	53	2014
25	巴库街道赛道（阿塞拜疆）	欧洲大奖赛	6.006	51	2016

　　FIA 规定赛场不允许有过多过长的直道，以限制最高高速。为确保安全，赛道两旁一般铺设宽阔的草地或沙地，以便将赛道与观众隔开，同时可作为赛车出道之后的缓冲区。各赛场的救护人员必须分布在全场的每一个角落，以便在出事故时及时进场进行抢救。

1. 蒙特卡洛赛道（图5-26）

赛道单圈长度：3.370km；比赛圈数：78圈；比赛距离：262.860km；赛道表面特性：颠簸；赛道抓地性：中性；单圈最快纪录：1min10.166s（2019年，刘易斯·汉密尔顿）。

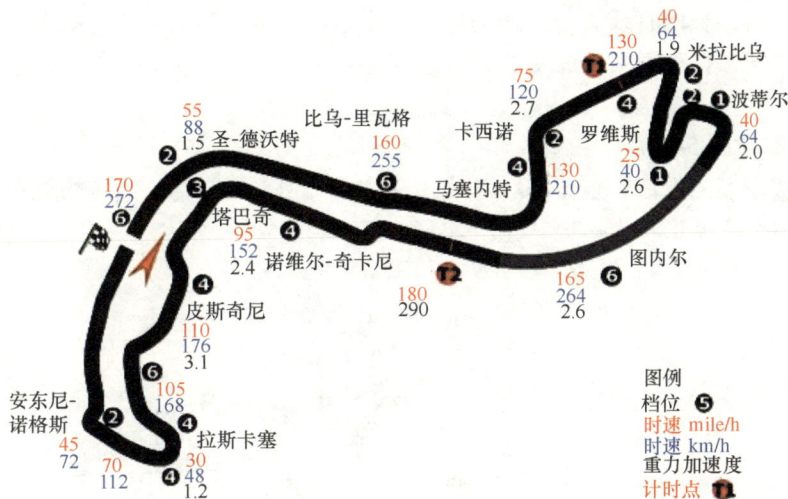

图5-26 蒙特卡洛赛道

蒙特卡洛的街面赛道是最具挑战性的F1赛道之一。任何一个小小的错误，就有可能会让车手撞上护栏发生事故。因此只有最顶尖的车手才能在此赛道获得胜利，而车手也以赢取摩纳哥大奖赛冠军杯为毕生的愿望。在摩纳哥站历史上，最成功的车手是塞纳（6次夺冠），创下了在同一分站取胜最多的纪录。

2. 银石赛道（图5-27）

赛道单圈长度：5.891km；比赛圈数：52圈；比赛距离：306.198km；赛道表面特性：平

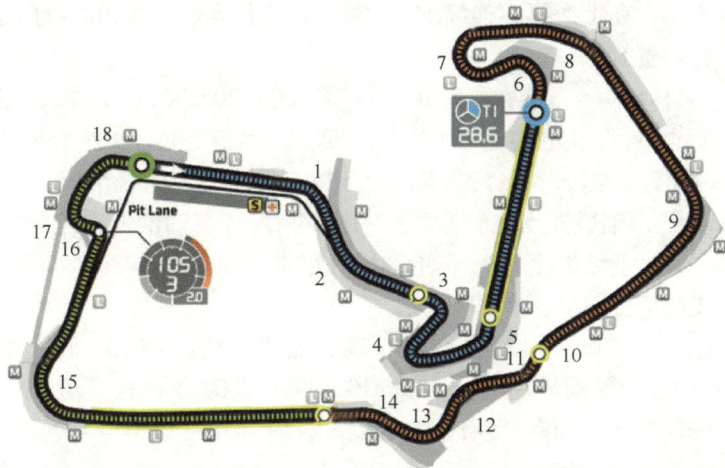

图5-27 银石赛道

整；赛道抓地性：中性；单圈最快纪录：1min27.097s（2020年，马克斯·维斯塔潘）。

银石赛道是全世界汽车赛事最频繁的赛道之一。银石赛道的前身是一座二战时的军用机场，1948年起开始举办英国大奖赛，并在1950年成为第一场F1世界锦标赛的赛场。从1987年开始，银石赛道成为英国大奖赛的唯一赛道。

银石赛道拥有很长的直线道与高速的弯道，这不仅测试赛车的性能，更考验车手的驾驶技术和胆识的极限度。在英国站最成功的车手是刘易斯·汉密尔顿，他一共获得过8次英国站的冠军。

3. 上海赛道（图5-28）

上海国际赛车场的上海赛道于2004年第一次举办了F1大奖赛，当年的冠军是法拉利车队的巴里切罗。整个赛道形状为一个"上"字形，极具特色。

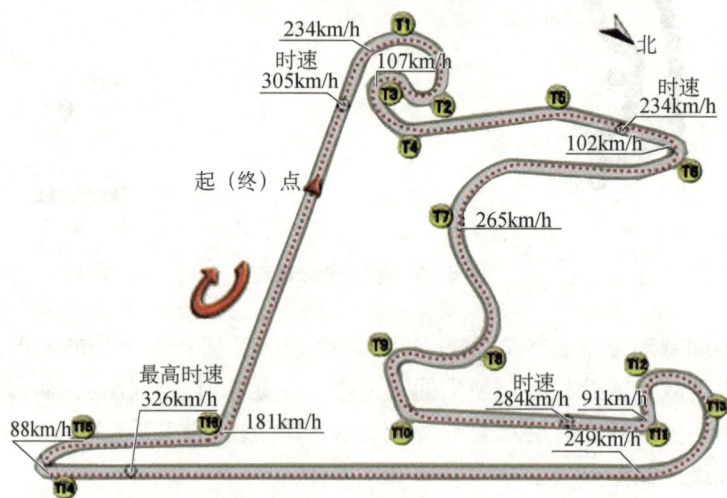

图5-28 上海赛道

2004年—2019年，在上海赛道连续16次举办中国大奖赛（2019年的中国大奖赛是F1历史上的第1000场分站赛）。

单圈长度：5.451km；赛道圈数：56圈；比赛距离：305.269km；平均速度：205km/h；最高允许时速：327km/h；最长的直道长度：1.175km；赛道宽度：13～15m（弯道加宽最大处20m）；弯道数：14（7处左转弯道，7处右转弯道）；弯道最大曲线半径：120.55m，弯道最小曲线半径：8.80m；赛道轴最高点绝对标高：+11.24m，赛道轴最低点绝对标高：+4.50m；最大下坡坡度：8%，最大上坡坡度：3%；单圈最快纪录：1min32.238s（2004年，舒马赫）。

4. 印第安纳波利斯赛道（图5-29）

赛道单圈长度：4.192km；比赛圈数：73圈；比赛距离：306.016km；赛道表面特性：平整；赛道抓地性：中性；单圈最快纪录：1min10.399s（2004年，巴里切罗）。

赛道始建于1909年，由300万块砖头砌成，在1950年—1960年举办了11次的F1比赛，1961年改铺沥青路面。2000年美国站重返F1赛历，2000年—2007年在印第安纳波利斯赛道连续举办了8届美国大奖赛。2008年，美国退出F1赛事，印第安纳波利斯赛道告别F1舞台。2012年，美国站重回F1赛历，举办地变为奥斯汀赛道。

图 5-29　印第安纳波利斯赛道

在赛道第 13 弯处的椭圆大直道成就了其高速赛道的特色，上面没有缓冲区，直接对着水泥墙。

5.3　国际汽联电动方程式世锦赛（FE）

国际汽联电动方程式世锦赛是由国际汽车运动联合会（FIA）举办的世界最高规格的电动汽车赛事。FE 的创立宗旨是推动清洁能源汽车的发展，为治理城市污染、推动交通可持续发展提供解决方案。

5.3.1　FE 比赛制度

1. FE 跨年度联赛制度

2014 年 9 月 13 日，首个年赛季 Formula E 揭幕赛在北京奥林匹克公园赛道举行。

每年赛季规划 10~20 站锦标赛。每站比赛以举办城市命名大奖赛，每个分站获得大奖赛冠军，每站比赛的前 3 名车手将登上领奖台，大奖赛冠军获得奖杯。

每年赛季结束后，车手累计各分站总积分，积分最高者成为年度车手总冠军，积分最高的车队获得年度车队冠军。

FE 已连续成功举办 9 届赛事，赛事规模和全球的影响力逐步扩大。

2. FE 大奖赛积分规则

每场 FE 大奖赛，前 1~10 名分别获得 25、18、15、12、10、8、6、4、2、1 积分，个人积分进行累积。

排位赛杆位车手获得 3 积分，正赛中比赛最快圈速的车手获得 2 积分。

5.3.2 FE 大奖赛赛程

每站 FE 大奖赛安排在星期六举行，所有项目在 1 天之内完成。每站赛程包括上午的自由练习、1 轮排位和下午的 1 轮正赛。

练习赛时间为 1h，参赛赛车限定最大允许功率。

排位赛共 5 节进行，比赛车手分为 4 组，每组进行 1 节排位赛。排位赛每位车手只能使用 1 辆赛车进行 4 圈的比赛。每位车手按最快单圈成绩计分。前 4 节排位赛结束后，单圈速度最快的 6 位车手进入第 5 节排位赛，被称为超级杆位赛，决出前 6 名的排位次序和杆位。参赛赛车限定最大允许功率。

正赛的赛车排位顺序按排位赛的名次确定，按名次先后列成两列，杆位赛车处于最前端的杆位。

各赛车驶进发车位后，5 盏红灯一盏一盏地亮，全亮后，5 盏同时熄灭时比赛正式开始。

每场锦标赛的进程为 45min+1 圈的倒计时制：自比赛发车开始进行 45min 倒计时，跑完 45min 后，所有赛车再完成最后一个冲刺圈，赛车冲过终点线的次序为本次锦标赛的最终结果。

正赛中，赛车采用正常的竞速模式（限定最大功率为 200kW）。从第 2 圈开始，攻击模式激活区（图 5-30）开启，赛车经过激活区的 3 个传感器，车手通过转向盘上的按钮开启攻击模式，赛车的输出功率提升到 225kW。每场比赛赛前，FIA 公布攻击模式的持续时间和使用次数，攻击模式次数通常为 2~3 次，每次持续时间为 3~5min（约 3 圈）。

a) 正赛发车   b) 弯道角逐

c) 进入攻击模式激活区   d) 颁奖仪式

图 5-30　FE 大赛场面

一键加速规则：车迷可以通过登陆 FE 官网给自己喜欢的车手投票，排名前三的车手有机会在比赛中使用一键加速按钮。按下按钮，赛车将获得额外的 25kW 动力输出，持续时间为 5s。在正赛开始前 20min 公布获得一键加速按钮奖励的 3 位车手名单。

充电规则：禁止在练习、排位和正赛的过程中对 FE 赛车进行充电，此外，在 FIA 完成排位赛后车检以及正赛赛后车检之前，禁止赛车进行充电。

事故处理规则：旗语规则遵同汽车比赛的一般规则，例如出示黄旗表示赛道的某段出现事故，车手不允许超车；当出现严重事故时，会出动全场黄旗并出动安全车等。

轮胎规则：FIA指定米其林为轮胎供应商，大奖赛全场比赛限定12只轮胎，提供每位车手新前、后胎各5条，前一站比赛前、后旧胎各1只（年赛季揭幕站除外）。

车手的最后成绩以赛车最先触到终点线的时间计时，决出名次和有效积分。

5.3.3 FE赛车、赛道、车手和车队

1. FE赛车

FE各车队采用标准化赛车，赛车采用全电力驱动，底盘、空气动力学套件（包括前、后翼和车身）主要由碳纤维和铝合金制成，满足FIA最新的碰撞测试要求。从第5个赛季（2018—2019年）开始，大赛统一采用第二代方程式赛车ABB FIA Formula E。ABB FIA Formula E赛车引入了攻击模式，继续保留Fanboost模式。

FE从2022—2023年赛季起启用第三代赛车（Gen3），新赛车的长、宽相比目前版本变得更大（长5160mm、宽1770mm），自重从900kg降到780kg，同时动力有所增强，最大功率输出达到350kW，在正赛中动力输出限制在300kW。

2. FE城市街道赛道

FE赛道全部是由城市街道改建成的封闭赛道。FE赛道现已遍布19个国家24座世界著名城市。我国现有北京奥林匹克公园赛道、香港中环赛道和海南三亚海棠湾赛道（图5-31）3条FE赛道。

FE城市街道赛道或围绕历史文化建筑，或穿梭于现代摩天大楼，或穿越旅游风景胜地，实现了FE大奖赛与城市文化特色、汽车运动与科技、环保与娱乐的高度融合。

图5-31 海南三亚海棠湾赛道

3. 车手、车队

每年赛季通常有10~12支FE车队，每支车队包含两位车手。自赛事创办以来，已产生7位车手总冠军和4支年度车队冠军。FE历届车手总冠军和车队冠军见表5-3。

表5-3 FE历届车手总冠军和车队冠军

FE年赛季	车队数	总站数	车手总冠军	年度车队冠军
2014/15	10	11	纳尔逊·皮盖特（巴西）	法国E-戴姆斯雷诺车队
2015/16	10	12	塞巴斯蒂安·布米（瑞士）	法国E-戴姆斯雷诺车队
2016/17	10	12	卢卡斯·迪·格拉西（巴西）	德国奥迪运动ABT舍弗勒车队
2017/18	11	12	让·埃里克·韦尔涅（法国）	德国奥迪运动ABT舍弗勒车队
2018/19	11	12	让·埃里克·韦尔涅（法国）	中国DS钛麒车队
2019/20	11	14	安东尼奥·达科斯塔（葡萄牙）	中国DS钛麒车队
2020/21	12	12	尼克·德·弗里斯（荷兰）	德国梅赛德斯-奔驰EQ车队

FE 车队包括奔驰、宝马、奥迪、日产、捷豹、保时捷等世界著名汽车厂商车队，中国新能源汽车品牌蔚来车队和 DS 钛麒中国车队位列其内。

DS 钛麒中国车队曾创造出 2018—2019 年赛季、2019—2020 年赛季两度获得 FE 年度车队冠军的骄人成就（图 5-32），著名中国车手马青骅代表蔚来车队多年征战 FE 赛场（图 5-33）。

图 5-32　DS 钛麒中国车队获得 FE 年度车队冠军

图 5-33　蔚来车队和中国车手马青骅

5.4　印地赛车系列赛

5.4.1　印地赛车系列赛发展历程

在印地赛车系列赛发展史上，经历了创建卡特大赛、分离竞争与合作的历程。

1978 年，由 18 支印地车队组成的印地赛车联盟（IRL）创办了车队锦标赛，建立了赛事管理机构并开始举办系列车赛。1995 年，印地赛车联盟（IRL）车队与卡特车赛（CART）分离。

1996 年，印地赛车联盟从卡特系列赛中分离出来后创办了印地赛车联合会系列赛，2004 年更名为印地赛车系列赛。

2004 年，CART 被美国开轮式系列赛收购，并正式更名为全球方程式冠军赛（CCWS）。

在卡特车赛与印地赛车系列赛对立的 12 年期间，纳斯卡（NASCAR）发展成为了美国的最大规模汽车赛事。

2008 年，印地赛车联盟（IRL）兼并全球方程式冠军赛，合并为印地赛车系列赛。

5.4.2　印第安纳波利斯 500 英里大奖赛

印第安纳波利斯 500 英里大奖赛又称为印地 500，起源于 1911 年举办的保罗系列赛，是由美国印地赛车联盟（IRL）举办的汽车运动大赛。印地 500 是印地赛车系列赛中最著名的独立赛事。

1. 赛制

5 月 10 日举行首次排位练习赛，当天 4 圈极速测试中平均速度最快的车手可取得暂时的首发位置。5 月 11 日进行第二回合的排位赛，5 月 12 日起关闭赛道暂停使用，直到 5 月 18 日才会重新开放，这天的排位赛是最后一回合的正式排位赛，夺得最快单圈成绩的就是决赛日的首发车手。

在比赛形式上，印地 500 采用行进间起步的方式，与 F1 的是静止发车方式不同。

每支车队最多可以拥有两辆挂有同一车号的赛车，备用车上挂着 T 标志，两辆同一车号赛车可以同时出场参加练习和正赛。

比赛分制：

第 1 名：50 分；第 2 名~第 10 名：40 分，35 分、32 分、30 分、28 分、26 分、24 分、22 分、20 分；第 11 名~第 17 名：19 分、18 分、17 分、16 分、15 分、14 分、13 分；第 18 名~第 24 名：12 分；第 25 名~第 29 名：10 分。

正赛未参加，直接退赛得 5 分。正赛中领先圈数最多的车手加 1~3 分。

印地 500 的颁奖仪式极富传统特色，冠军团队要与象征至高荣誉的博格华纳杯合影，冠军肩上佩戴 33 朵有紫红花蕊的象牙白兰花、33 个小方格旗以及红白蓝 3 色彩带花环，喝牛奶庆祝胜利。

2. 赛道

印地 500 的赛道是单圈长度为 2.5mile 的高速椭圆赛道（图 5-34），每辆赛车共要跑 200 圈。

a) 椭圆赛道疾速角逐　　b) 加油换胎
c) 360km/h 的超高车速和危险的水泥围墙　　d) 冠军车手喷洒牛奶庆祝胜利

图 5-34　印第安纳波利斯 500 英里大奖赛

3. 赛车

比赛使用四轮外露式单座位纯跑道用赛车，装备 3.5L、V8 自然进气发动机，以甲醇为燃料，发动机最大输出功率约为 478.1kW，最高转速被限制在 10300r/min。

赛车发动机由丰田、本田、通用汽车公司提供，赛车底盘有英国制造的 G 强力底盘和意大利制造的达拉拉两种；轮胎由法亚斯特公司独家提供；变速器为 6 档变速。

5.5　勒芒 24h 耐力赛

勒芒 24h 耐力赛是历史最悠久、最艰苦、最能体现速度、耐力和团队合作的全球最负盛名的赛事之一。

比赛从练习赛到正赛结束持续 4 天（图 5-35），包括 4 次练习（周四下午 2 次，周五 2 次）、两次排位赛（周五 1 次、周六 1 次）、热身赛（正赛前 4 小时）和正赛（周六-周日）。

a) 动态起步

b) 比赛正式开始

c) 4 个组别赛车同场竞技

d) 进站加油(熄火、关灯)

e) 深夜鏖战

f) 挥舞方格旗冲刺

图 5-35　WEC 勒芒 24 小时耐力锦标赛正赛场面

赛车分为 4 个组别，各组别赛车每个参赛组别均获得双倍积分，即每组赛车的前 1~10 名分别获得 50、36、30、24、20、16、12、8、4、2 个积分，第 10 名以后的完成总里程 70% 的所有赛车将会获得 1 个积分。各组别的杆位赛车获得 1 个额外积分。每辆赛车的 3 名车手获得相同的积分。

各组别的所有赛车的积分最高的赛车组获得制造商冠军，获得制造商冠军的 3 名车手获得车手冠军。

5.6　世界著名房车赛

房车赛的赛车通常是有固定顶棚、四门、两厢或三厢的量产轿车，并且要按赛车规则进行改装。世界著名的房车赛事有世界房车锦标赛、德国房车大师赛、NASCAR 车赛等。房车赛因成本低、贴近民众而深受汽车制造商重视和全球广大车迷的青睐。

5.6.1　世界房车锦标赛（WTCC）

世界房车锦标赛是 FIA 于 2005 年推出的一项全球性汽车赛事，它的前身为欧洲房车锦标赛。2018年，WTCC赛事与TCR系列赛合并，推出了房车世界杯（WTCR）这项全新比赛。

WTCC和WTCR的赛车由两厢或三厢轿车专业改装而成，必须是厂商生产线生产的有VIN的量产车型。赛车采用4缸2L发动机，最高转速不得超过8500r/min，最大功率为270kW，可采用5速或6速直齿手动变速器，轮圈尺寸不得超过9×17in，且每个轮圈的质量被限定在9kg之内，制动盘的直径不得超过296.5mm。赛车（包括车手及其安全装备）的最小质量为1050kg，通过加配压舱物重的方式使所有赛车的质量相等。

比赛中，参照车手的总积分和每场比赛的积分增加赛车配重。车手每取得1个积分，其赛车增加1kg的配重，根据前一站的比赛名次增加下一站配重：单场比赛的前6名会依次加上30kg、25kg、20kg、15kg、10kg、5kg的配重，比赛配重最高上限为70kg。

世界房车锦标赛采用分站赛的形式，比赛颁发冠军车手和冠军车厂两个奖项。

每个分站比赛分为排位赛和正式比赛两部分，正式比赛分两回合进行，每回合有约50km的比赛距离（图5-36）。第一天的排位赛成绩将决定次日第一回合比赛的发车顺序，第二回合比赛的发车顺序取决于第一回合比赛的成绩，第一回合的前8名在第二回合的发车顺序将会被颠倒，即按照第一回合的成绩从第1名到第8名的顺序反向安排第二回合比赛的发车顺序。每个回合最后成绩

图5-36　WTCR赛场比赛场面

的前8名可以分别获得10分、8分、6分、5分、4分、3分、2分、1分的比赛积分。

领克车队在2019年首次参赛WTCR房车世界杯，在全年10站30场精彩对决中，领克车队以9次车队冠军，22次登上领奖台，总分628分的出色成绩获得车队年度总冠军（图5-37）。在2020WTCR赛季，领克车队更是收获"双料冠军"，创造了中国赛车运动、中国汽车品牌的一个历史成就。

图5-37　领克车队荣获2019年度WTCR房车世界杯总冠军

5.6.2　德国房车大师赛（DTM）

德国房车大师赛（DTM）是举世公认的"最高级别房车大赛"，同时也是欧洲最受欢迎的房车系列赛。DTM赛事于1984年起源于德国，每年在欧洲举办10场分站比赛。

DTM赛事曾因经费问题于1997年暂时停办，2000年，新的DTM重返国际赛车舞台。

新的比赛规则中多了很多技术上的限制，如只能使用4L V8发动机、相同的轮胎、相同的发动机管理系统及变速器等，而且赛车车身的前扰流器及尾翼设计也必须相同。在严格的比赛规则限制下，赛事在公平及低成本的基础上进行，使各车队的实力变得相当接近，从而大大提高了比赛的可观赏性及娱乐性。图5-38为征战2005年赛季DTM的奥迪A4赛车。

图5-38　征战2005年赛季DTM的奥迪A4赛车

DTM在周末举行。周六是资格赛，只有在超级杆位制（Super-Pole）排位赛的单圈赛道资格赛中争夺杆位（Pole Position）的前10名选手才有资格参加周六比赛；周日是1h的决赛，决定胜负的不仅是赛道速度，还包括进站策略和维修站员工的技能。

虽然DTM是德国人举办的赛事，而且参赛的汽车公司也全部来自德国，但这是国际性的房车赛事。DTM集速度、高科技、专业化于一体，被誉为"装上房车外壳的F1"。

5.6.3　NASCAR车赛

NASCAR汽车运动起源于美国南部。20世纪30年代，美国政府实施禁酒令期间，私酒贩子常常驾驶飞车在南部的乡间小路上飞驰，以躲避联邦税务稽查员的追捕。随着这种猫捉老鼠游戏的不断升级，私酒贩子们想方设法提高汽车功率、改造汽车结构以使车子更好地控制、更容易地逃脱联邦政府的追捕。更有意思的是，私酒贩子们本着"交流心得、互相促进"的精神，也在内部开展一些非正式的赛车比赛，比比谁的车跑得最快、谁的车技最好。这就是NASCAR赛事的前身。

现代意义上的NASCAR车赛的成功应该归功于比尔·弗朗斯（Bill France）。1938年，比尔·弗朗斯成功举办了NASCAR汽车运动的首次比赛——戴托纳海滩车赛，并于1948年2月15日主持成立了全国赛车联合会（NASCAR）。

经过半个世纪的发展，如今NASCAR已经成为全球最著名汽车运动之一，在美国更是具有无可替代的地位，其每个赛季的首站比赛"戴托纳500"更被称为"伟大的美国汽车运动"。NASCAR每年组织2000多场比赛，这些比赛被分为12个独立的系列，在全国100多个赛场进行。图5-39为2005年赛季NASCAR大赛中的比赛场面。

图5-39　2005赛季NASCAR大赛中的比赛场面

5.7   汽车拉力赛

5.7.1   世界拉力锦标赛（WRC）

世界拉力锦标赛始于 1973 年，是国际汽联（FIA）四大赛事之一。WRC 每年将在世界各地举行 14~16 站比赛，每一分站比赛通常为 3 天，在事先设定的赛道上划出了 20~30 处被称为 SS 的赛段，即特殊赛段，每个赛段最短 3km，最长可达 30km。在各赛段上每隔 2~3min 有一辆赛车出发投入比赛，总成绩以车手在各赛段时间累计分出胜负，所用时间最少排名最前。在赛车规格上，所有参赛车辆必须以量产车研发制造而成，并在雨林、泥泞、雪地、沙漠及蜿蜒山路等不同的路况进行比赛。

WRC 在比赛方式上有着自身的特点——错开时间出发的车手们是在完全看不见竞争对手的情况下进行比赛的。另外，WRC 赛车上除了车手还会有一名领航员，领航员透过阅读记录赛段路况的笔记来帮助车手快速通过障碍（图 5-40）。在比赛之外的行驶路段和探路阶段，赛车与普通民用车一样，需要遵守交通管制法规，连红灯都不能闯。

图 5-40   WRC 特殊路段比赛

WRC 比赛依参赛车的不同分为：原厂组（Group N）和改装组（Group A）两大组别。改装组与原厂组依排量的不同而分为 4 小组，分别为：A8:2000mL 以上改装组、A7:1601~2000mL 改装组、A6:1401~1600mL 改装组、A5:1400mL 以下改装组、N4:2000mL 以上原厂组、N3:1601~2000mL 原厂组、N2:1401~1600mL 原厂组和 N1:1400mL 以下原厂组。每一站比赛每组最少要 5 辆参赛，否则必须强迫晋升上一级比赛。

WRC 比赛中改装组有两项 FIA 锦标赛，包括 World Rally Car（W.R. Car）及超级 1600mL组。在每一分站的比赛各取前 8 名，分别获得 10 分、8 分、6 分、5 分、4 分、3 分、2 分、1 分的积分，车手所得积分可成为车手本身和车队年度的积分。其中，W.R. Car 组包括在 A8 组中，这个锦标赛只有汽车制造厂身份的厂队才有参赛资格。超级 1600mL 组则是归入 A6 组中，所谓超级1600mL组是搭载1600mL以下自然吸气发动机的两轮驱动赛车，与 N 组间隔共享全年分站赛事，并且至少要参加两场以上的分站赛事。

5.7.2   巴黎-达喀尔拉力赛

巴黎-达喀尔拉力赛每年 1 月举行，由法国巴黎出发，乘船过地中海在利比亚登陆，在非洲干旱的沙漠、潮湿的热带雨林及各种崎岖路段比赛，途经近 10 个国家，最后迂回到塞内加尔的达喀尔，行程13000km左右，历时近 20 天，是世界上最长的拉力赛，也是最严酷、最富有冒险精神的赛事运动。

达喀尔拉力赛可多车种同时进行，赛车分为摩托车组、小型汽车组和卡车组（图 5-41），无论专业车手还是业余赛车爱好者都可参赛。

a) 小型汽车组赛车　　　　　　　　　　b) 卡车组赛车

图 5-41　达喀尔拉力赛比赛情景

5.8　中国主要汽车赛事

中国主要汽车赛事包括中国方程式大奖赛、中国房车锦标赛、中国卡丁车锦标赛、中国汽车拉力锦标赛、中国摩托车锦标赛、中国卡车大赛、澳门格兰披治大赛车和华夏赛车大奖赛等。

5.8.1　中国方程式大奖赛（CFGP）

中国方程式大奖赛是经国际汽车运动联合会（FIA）和中国国家体育总局批准，由中国汽车运动联合会（FASC）主办，在亚洲区域举办的洲际赛事，是中国唯一的最高级别方程式赛事，也是培养中国本土 F1 选手的摇篮。CFGP 的出现为推动中国方程式运动、培养优秀赛手提供一个良好平台，它的诞生具有深远的社会意义和国际意义。

2010 年 6 月 29 日中国方程式大奖赛正式拉开帷幕（图 5-42），标志着首个国家级别的方程式赛事正式诞生。

图 5-42　中国方程式大奖赛参赛车辆和车手

CFGP 是国家级别的方程式赛事，已列入全国体育竞赛计划，其赛事级别是最高的、规模是最大的、车手竞技水平是最好的。赛事由四大项目组成：方程式大奖赛、房车精英挑战赛、直道英雄挑战赛、赛车宝贝选拔赛，大奖赛将彰显出专业性、时尚性、娱乐性三大特点。

CFGP 组委会与欧盟国家举行了合作，也会与全国卡丁车锦标赛（CKC）进行深度合作，对卡丁车优秀车手进行深造，CFGP 还将推荐优秀车手到欧洲国家交流学习及比赛，从而形成较完备的车手发展体系。

CFGP 赛车搭载了世界先进水平的 CVVT 发动机，其悬架系统、液压系统、制动系统及转向系统等各项技术都达到了国际同等级别赛车标准。

5.8.2　中国房车锦标赛（CTCC）

中国房车锦标赛：从 2009 年赛季开始，原全国汽车场地锦标赛（CCC）正式更名为中国房车锦标赛。

CTCC 是中国赛车运动第一品牌，国际汽联唯一支持的国家级房车赛事，是被纳入国家体育总局年度比赛计划的 A 类体育赛事。图 5-43 为中国房车锦标赛比赛现场。

图 5-43　中国房车锦标赛比赛现场

2011 年，中国房车锦标赛引入"T"概念，全新设置涡轮增压组，赛事组别随即改成中国量产车组和超级量产车组，而超级量产车组由自然吸气组合和涡轮增压组共同组成，但仍采取分组积分制。

2012 年，中国房车锦标赛将原来的 3 个组别：中国量产车组、中国超级量产车自然吸气组、涡轮增压组缩减为两个组别：中国量产车组和中国超级量产车组；正式把超级量产车组中的自然吸气赛车和涡轮增压赛车同场同组竞技，以此深入推进符合国际潮流的 1.6T 规则。超级量产车组将会产生唯一的年度车手和厂商冠军，此举将使超级量产车组竞争更为激烈。

5.8.3　中国汽车拉力锦标赛

中国汽车拉力锦标赛是由中国汽车运动联合会及举办地人民政府联合主办的全国性汽车拉力赛事，是汽车道路比赛项目之一。中国汽车拉力锦标赛在有路基的土路、沙砾路或柏油路上进行（图 5-44），是在一个国家内或者跨越数国举行的既检验车辆性能和质量，又考验

汽
车
文
化

第
4
版

驾驶员驾驶技术的长途比赛。

比赛在规定日期内分若干阶段进行，每阶段内设置由行驶路段连接的数个测试速度的赛段交替进行，每个赛段的长度不超过30km。比赛采用单个发车方法，每个车组由1名驾驶员和1名副驾驶员（领航员）组成。以每个车组完成全部特殊路段比赛的时间和在行驶路段所受处罚时间累计计算最终成绩，时间短者名次列前。比赛对行驶路段的行驶时间有严格限制，车组必须按规定的时间依次到每个时间控制点报到，迟到或早到都会受到处罚。

图5-44　中国汽车拉力锦标赛

拉力赛的每一站比赛通常为3天，在事先设定好的赛道上划出了20~30处被称为SS（SpecialStage）的赛段，每个赛段最短3km，最长可达30km。赛车选手驾驶赛车以最快速度通过赛段以决出比赛名次。比赛的主办者对赛段进行最严格的管理，除萨法利拉力以外，拉力的各个赛段都严禁其他车辆通行。

在各赛段上每隔2~3分钟有一辆赛车出发投入比赛。拉力赛车与F1等场地汽车比赛的最大区别在于，错开时间出发的赛车选手们是在完全看不见竞争对手的情况下进行比赛的。另外，拉力赛车都配备一名领航员，坐在副驾驶席上的领航员通过被称作"PaceNote"的比赛路线图为赛车选手指示前进方向。

自2003年8月中汽联推出首届全国汽车场地锦标赛以来，参赛车队、赛事规模在逐年扩大。

5.8.4　中国卡车大赛

中国卡车大赛是中国唯一的全国性卡车类汽车运动赛事（图5-45），由国家体育总局正式批准，中国汽车运动联合会主办，北京市汽车摩托车运动协会和北京翰之龙广告有限公司共同承办，由翰之龙公司独家进行赛事策划和推广，旨在弘扬卡车文化与赛车文化。全国卡车大赛于2003年首次举办。

中国卡车大赛已与欧洲卡车大赛互访交流3年多，并且全年得到欧洲卡赛的一线支持与参与，欧洲冠军车手和组委会官员多次来到中国，签订了与英国卡车大赛组委会的合作协议，举办中欧国际精英对抗赛，推动了中国卡车大赛国际化发展。

图5-45　中国卡车大赛

中国卡车大赛是中国少数几个被中央电视台列入现场直播的体育赛事之一，其也是全国全年全天候的赛事：全国巡回至少5个分站赛、1个总决赛，从策划到完成比赛为期一年，南征北战，历经多种气候考验。卡车大赛倡导的是平民的汽车运动体验，设置了较低的参赛门槛，提高了活动的参与性。另外，与赛事同步开展了卡车大赛形象代言人评选活动和欢乐城传城联欢活动，同时举办多种汽车文化活动：汽车特技表演、摄影大赛、城市巡游等。

5.8.5　澳门格兰披治大赛车

在澳门举行的格兰披治大赛车是世界最古老的街道车赛，也是世界上唯一同时举办汽车比赛和摩托车比赛的街道赛事（图5-46）。首届赛事举行于1954年10月30日-31日。澳门格兰披治大赛车现已是澳门体坛和车坛一年一度的盛事，赛事在东望洋跑道上进行。跑道全长6.2km，主要以现有的闹市街道作赛道，以多弯、狭窄等赛道因素著称于世。现在赛事定于每年11月第三个星期四至星期日举行。

1953年10月30日，第一届的格兰披治大赛车正式举行。首届赛事共15辆车参赛，比赛成绩以4个小时完成的路程来计算，冠军是香港葡侨嘉华路（Eduardo de Carvalho）。

图5-46　澳门格兰披治大赛车比赛现场

2016年11月20日下午，第63届澳门格兰披治大赛车成功落下帷幕，葡萄牙车手达哥斯达凭借优秀的表现摘下澳门格兰披治三级方程式大赛的个人冠军。

赛道简介

东望洋跑道或称东望洋赛道（有东方的摩纳哥赛道之称）是举行澳门格兰披治大赛车的跑道，是全世界上唯一同时举行房车赛及摩托车赛的街道赛场地。整条赛道是环绕澳门东望洋山的市区赛道，全长6.2km，沿途多弯，有上坡下坡路，最宽路面14米，最窄处仅7米。

赛事类别

方程式：澳门格兰披治三级方程式大赛FIA洲际杯（Formula 3 Grand Prix），亚洲雷诺方程式挑战赛，亚洲方程式2000锦标赛。

摩托车：澳门格兰披治摩托车大赛（Motorcycle Grand Prix），超级摩托车赛（Superbike Race），澳门汽车会杯赛（ACM Trophy Race），澳门格兰披治摩托车财神酒店大赛，澳门格兰披治大赛车委员会杯自动波（绵羊）摩托车赛。

房车：东望洋大赛-FIA世界房车LG锦标赛，Porsche Infineon Carrera亚洲杯，澳门组房车新手赛（前名为"葡国杯"，现名为"财神酒店杯"），香港组房车新手赛（前名为"澳门旅游司杯"，2005年更名为"第二届亚洲室内运动会杯"），澳门电讯杯亚洲房车赛，澳门汽车会杯赛（ACM Trophy Race），爱立信挑战杯，超级跑车赛，成龙杯艺人赛。

其他种类：老爷车赛。

5.8.6　华夏赛车大奖赛

华夏赛车大奖赛简称"华夏杯"，由国家体育总局、香港特别行政区政府、澳门特别行政区政府、国际汽车运动联合会（FIA）认证支持，中国汽车运动联合会（FASC）、香港汽车会（HKA）、澳门汽车总会（AAMC）、中华台北赛车会（CTMSA）联合主办，上海力盛赛车文化股份有限公司承办。作为中国赛车运动历史上海峡两岸暨香港、澳门共同举办的赛事，"华夏杯"提供了一个华人车手之间同场竞技的平台，以赛车交流带动海峡两岸暨香港、澳门体育、文化的交流；以引擎之激情，展现华人积极向上的体育精神。

华夏赛车大奖赛每年为一个赛季，采用巡回赛制，大陆、香港、澳门、台湾各有一站主场，分别由各地汽车协会主办。在赛制上，华夏杯采用积分大奖赛，4 站积分累积，决出年度团队冠军和个人总冠军。

华夏赛车大奖赛由单一品牌车型统一改装、统一维修后勤服务作为参赛车辆，提供一个公平、高水准的竞技平台。华夏杯的参赛选手由各地汽车协会自主选派，每队 5 名顶级车手（执国际汽联的 C 级或以上级别的赛车执照）。

5.9　其他汽车运动简介

5.9.1　卡丁车运动

卡丁车运动最早起源于东欧，20 世纪 50 年代末在欧美地区逐渐普及并被迅速推广，当时这种运动称为高卡（GO KART）。卡丁车由于体积小、质量小、速度快、耐冲击力强而颇受年轻人的喜欢。那些梦想长大后成为一名 F1 车手的孩子们都将卡丁车运动作为迈向 F1 汽车运动的初级阶段，故此卡丁车又被称为 F1 的摇篮（图 5-47）。

图 5-47　卡丁车比赛中的场景

卡丁是英文 KARTING 的音译，准确的解释为"有车厢或无车厢的微型汽车，车轮独立持久地接触地面，后两轮驱、制动，前两轮导向"，简称为"小型四轮机动车"，是经国际汽车联合会（FIA）认可，可参加比赛并可晋级的小型赛车。

1962 年，由国际汽车联合会当任主席巴莱斯特创议成立了国际汽车联合会卡丁车委员会，负责在世界范围内普及、促进卡丁车运动，监督实施统一的规则和技术标准，简称 CIK-FIA。同时还通过了一项决议：F1 车手必须通过卡丁车洲际比赛并获得相应的等级分才有注册资格。1997 年 10 月，国际汽车联合会根据全世界卡丁车运动的发展状况，经代表大会表决一致同意将国际汽车联合会卡丁车委员会更名为世界卡丁车联合会。卡丁车的级别见表 5-4。

表 5-4 卡丁车的级别

级　别	发　动　机	气缸容积	变速器
超 A 级/A 级方程式	单缸旋转进气阀发动机，风冷	100mL	无变速器
C 级方程式	单缸自然进气风冷或单缸单循环水冷发动机	125mL	3～6 个档的变速器
E 级方程式	单缸或双缸自然进气风冷或单循环水冷发动机	250mL	至少 3 个档的变速器
国际 A 级	单缸簧片进气阀发动机，自然进气风冷	100mL	无变速器
国际 A 级少年组	单缸活塞进气发动机，自然进气风冷	100mL	无变速器，带离合器
国际 C 级	单缸两冲程直接进气簧片进气阀发动机，单循环水冷	125mL	3～6 个档的变速器
国际 E 级	单缸自然进气风冷或单缸单循环水冷发动机	250mL	至少 3 个档的变速器

5.9.2　老爷车大赛

英国伦敦市每年都要举行一次老爷车大赛，参加这项比赛的都是过时的老式汽车。各式各样的老式汽车同场竞驰，吸引着众多观众到场助威。令人忍俊不禁的是某些赛车需由人推行一段距离后方能起动，真是"老爷味"十足。

老爷车一般指出厂日期在 20 年以前的汽车，"资格老"的老爷车是指 1907 年以前生产的汽车。一般认为，出厂年份越早、制造数量越少的汽车越珍贵。

老爷车大赛中最有名的是意大利举行的 Mille Miglia 车赛（图 5-48），其目的是让博物馆中和个人车库中收藏的名车开出来参加比赛，其路线是从意大利北部的布雷西亚出发到罗马，再回到布雷西亚，全程约 1600km。

另外，比较出名的还有始于 1979 年的澳门老爷车大赛，1983 年正式定为比赛，并定名为老爷车格兰披士大赛，每年举行 1 次。比赛充满趣味性，很受车迷们的欢迎。

图 5-48　2002 年在意大利 Mille Miglia
举行的老爷车大赛

5.9.3　太阳能汽车赛

世界太阳能汽车挑战赛、南非太阳能汽车挑战赛和美国太阳能汽车挑战赛被称为世界三大太阳能汽车竞赛。

世界太阳能汽车挑战赛（WSC）的始创人是丹麦人汉·托伊斯特勒普，1987 年举行了第一届比赛，每 3 年举办一届，从 1999 年开始改为每 2 年举办一届。

根据比赛规则，参赛团队必须驾驶太阳能汽车，从澳大利亚北部的达尔文市出发，穿越澳大利亚的沙漠地带抵达终点阿德莱德市，比赛过程中使用太阳能动力。参赛的太阳能汽车根据前一日的排位赛成绩依次出发。

汽车文化 第4版

2019 年 10 月的第 15 届 WSC 共有 20 多个国家和地区的 44 支参赛队参加，比赛分为挑战组和巡航组两个级别（图 5-49）。挑战组赛车为细长流线型单座汽车，以追求速度为主要目标；巡航组赛车要求至少两座，旨在促进实用型太阳能汽车的研发，参赛车队主要来自全球的高校。北京理工大学光梭车队的"光梭 3 号"赛车历时 50h 完成了本次比赛，位列巡航组第 6。

a) 挑战组　　　　　　b) 巡航组

图 5-49　世界太阳能汽车挑战赛赛车（2019）

北美太阳能汽车挑战赛（NASC）的首届比赛举办于 2003 年，每两年举办一届（图 5-50）。

图 5-50　北美太阳能汽车挑战赛赛车冲过终点

思考题

1. 汽车运动如何分类？试列举各种类型汽车比赛的全球顶级赛事。
2. 简述 F1 大奖赛的赛程。
3. FE 大奖赛在正赛中有哪些竞赛模式？FE 赛道有何特色？
4. 简述勒芒 24h 耐力赛的赛程。
5. 中国汽摩联主办的全国主要汽车赛事有哪些？
6. 汽车运动对推动汽车科技进步、树立企业及品牌形象和扩大体育文化有哪些作用？

第 **6** 章

汽车相关知识

本章主要介绍汽车的类型、汽车国际组织、世界著名车城车展、汽车公害、汽车召回制度和汽车收藏等汽车相关知识。这些相关知识是引领读者步入汽车知识殿堂的铺路石。

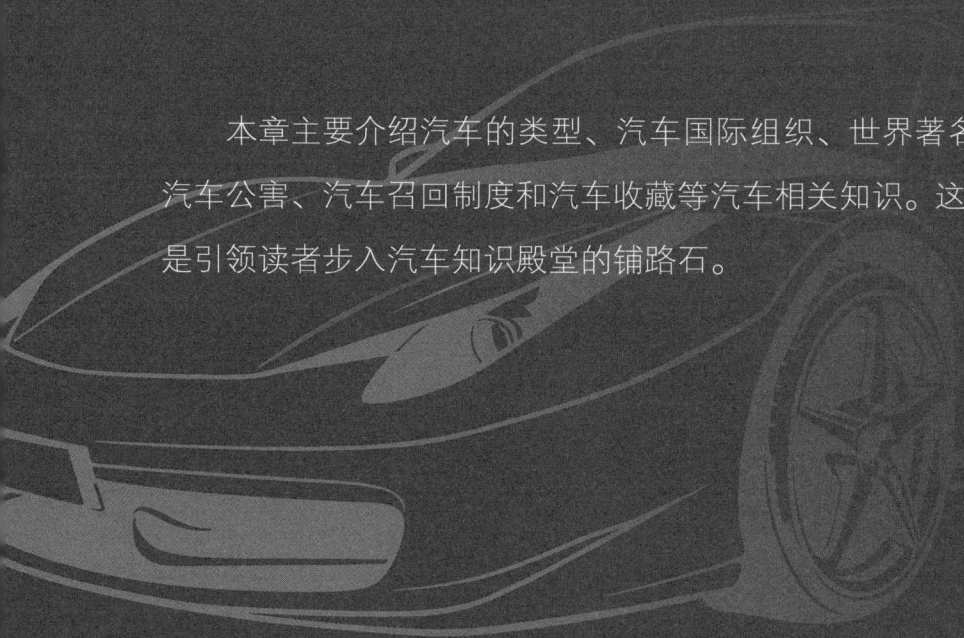

6.1 汽车的分类

6.1.1 汽车的定义和类型

汽车的定义：由动力驱动，具有4个或4个以上车轮的非轨道承载的车辆，主要用于载运人员和/或货物；牵引载运人员和/或货物的车辆；特殊用途。

根据《汽车和挂车类型的术语和定义》（GB/T 3730.1—2001），汽车分为乘用车和商用车两大类，见表6-1。乘用车是在其设计和技术特性上主要用于载运乘客及其随身行李和/或临时物品的汽车，包括驾驶人座位在内最多不超过9个座位；商用车是在设计和技术特征上用于运送人员和货物的汽车，商用车分为客车、货车和半挂牵引车。

表6-1 汽车的类型（GB/T 3730.1—2001）

类别	子类	具体类型
乘用车（passenger car）		普通乘用车（saloon（sedan））
		活顶乘用车（convertible saloon）
		高级乘用车（pullman saloon）
		小型乘用车（coupe）
		敞篷车（convertible（opentourer））
		仓背乘用车（hatchback）
		旅行车（stationwagon）
		多用途乘用车（multipurpose passengercar）
		短头乘用车（forwardcontrol passengercar）
		越野乘用车（off-road passengercar）
		专用乘用车（specialpurpose passengercar）
商用车（commercial vehicle）	客车（bus）	小型客车（mini bus）
		城市客车（city bus）
		长途客车（interurban coach）
		旅游客车（touring coach）
		铰接客车（articulated bus）
		无轨电车（trolley bus）
		越野客车（offroad bus）
		专用客车（special bus）
	半挂牵引车（semi trailertowing vehicle）	
	货车（goods vehicle）	普通货车（general purpose goods vehicle）
		多用途货车（multipurpose goods vehicle）
		全挂牵引车（trailertowing vehicle）
		越野货车（off-road goods vehicle）
		专用作业车（specialgoods vehicle）
		专用货车（specializedgoods vehicle）

6.1.2 国产汽车的编号规则

我国的汽车产品型号由企业名称代号、车辆类别代号、主参数代号、产品序号组成（必要时附加企业自定代号）。

$$\underset{a}{\square\square}\quad\underset{b}{\bigcirc}\quad\underset{c}{\bigcirc\bigcirc}\quad\underset{d}{\bigcirc}\quad\underset{e}{\blacksquare\blacksquare}$$

a—企业名称代号　b—车辆类别代号　c—主参数代号　d—产品序号　e—企业自定代号

对于专用汽车及专用半挂车还应增加专用汽车分类代号。

$$\underset{a}{\square\square}\quad\underset{b}{\bigcirc}\quad\underset{c}{\bigcirc\bigcirc}\quad\underset{d}{\bigcirc}\quad\underset{e}{\square\square\square}\quad\underset{f}{\blacksquare\blacksquare}$$

a—企业名称代号　b—车辆类别代号　c—主参数代号　d—产品序号　e—专用汽车分类代号　f—企业自定代号

注：□用汉语拼音字母表示，○用阿拉伯数字表示，■用汉语拼音字母或阿拉伯数字均可。

企业名称代号　位于产品型号的第 1 部分，用代表企业名称的两个汉语拼音字母表示。

车辆类别代号　位于产品型号的第 2 部分，用一位阿拉伯数字表示，见表 6-2。

表 6-2　车辆类别代号与车辆种类

车辆类别代号	车辆种类	车辆类别代号	车辆种类
1	载货汽车	6	客车
2	越野汽车	7	轿车
3	自卸汽车	8	尚待研究中
4	牵引汽车	9	半挂车及专用半挂车
5	专用汽车		

主参数代号　位于产品型号的第 3 部分，用两位阿拉伯数字表示。

1）载货汽车、越野汽车、自卸汽车、牵引汽车、专用汽车与半挂车的主参数代号为车辆的总质量（t），牵引汽车的总质量包括牵引座上的最大质量。当总质量在 100t 以上时，允许用 3 位阿拉伯数字表示。

2）客车及半挂车的主参数代号为车辆长度（m）。当车辆长度小于 10m 时，应精确到小数点后 1 位，以长度（m）值的 10 倍数值表示。

3）轿车的主参数代号为发动机排量（L），应精确到小数点后 1 位，以其值的 10 倍数值表示。

4）专用汽车及专用半挂车的主参数代号，当适用定型汽车底盘或定型半挂车底盘改装时，若其主参数与定型底盘原车的主参数之差不大于原车的 10%，则应沿用原车的主参数代号。

5）主参数的数字修约按《数字修约规则》的规定。

6）主参数不足规定位数时，在参数前以"0"占位。

产品序号　产品序号表示一个企业的产品型号和主要参数型号相同的车辆的投产顺序，位于产品型号的第 4 部分，用阿拉伯数字表示，数字由 0、1、2…依次使用。

专用汽车分类代号　位于产品型号的第 5 部分，用反映车辆结构和用途特征的 3 个汉语拼音表示。其中结构特征代号见表 6-3。

表 6-3 车辆结构特征代号

厢式汽车	罐式汽车	专用自卸汽车	特种结构汽车	起重举升汽车	仓栅式汽车
X	G	Z	T	J	C

企业自定代号　位于产品型号的最后部分，同一种汽车结构略有变化而需要区别时（例如汽油、柴油发动机，长、短轴距，单、双排座驾驶室，平、凸头驾驶室，左、右置转向盘等），可用汉语拼音字母和阿拉伯数字表示，位数也由企业自定。供用户选装的零部件（如暖风装置、收音机、地毯、绞盘等）不属于结构特征变化，应不给予企业自定代号。

6.1.3　车辆识别代号（VIN）

现在世界各国汽车公司生产的汽车大部分都使用了 VIN（Vehicle Identification Number）。VIN 由一组字母和阿拉伯数字组成，共 17 位，又称 17 位识别代号编码。它是识别一辆汽车不可缺少的工具，按照识别代号的编码顺序，从 VIN 中可以识别出该车的生产国家、制造公司或生产厂家、汽车类型、品牌名称、车型系列、发动机型号、车型年款、安全防护装置型号、检验数字、装配工厂名称和出厂顺序号码等。

车辆识别代号由 3 个部分组成：第 1 部分，世界制造厂识别代号（WMI）；第 2 部分，车辆说明部分（VDS）；第 3 部分，车辆指示部分（VIS），见 GB 16735—2019。

6.2　汽车国际组织

世界上著名的汽车组织有：国际汽车联合会（FIA），国际汽车工程师学会联合会（FISITA），美国汽车工程师协会（SAE），国际汽车制造商协会（ALAM），美国汽车制造商协会（AMA），美国卡车运输协会（ATA），欧洲天然气车辆协会（ENGVA），欧洲汽车创新团体（EAIG），美国汽车协会（AAA），汽车工业行动团体（ALAG），美国汽车研究委员会（USCAR），中国汽车工程学会（SAE-China），中国汽车工业协会（CAAM）等。

6.2.1　国际汽车联合会（FIA）

国际汽车联合会（Federation Internationale de L'Automobile，FIA）简称国际汽联，于 1904 年 6 月 20 日成立，由法国、英国、德国和比利时几个欧洲国家发起，总部在瑞士，官方语言为法语和英语。

FIA 是一个非营利性组织，代表五大洲 117 个国家的 150 个国家级汽车驾驶组织。FIA 有旅行和汽车部与运动部两大部分。

旅行和汽车部：负责协调道路交通安全、环境保护、消费者权益保护、组织相关活动及旅行事务等。

运动部：负责管理世界所有形式的汽车运动，包括 F1 大赛、F3000 大赛、旅行车（GT）赛、世界汽车拉力锦标赛、卡丁车赛等。FIA 根据各国的申请，每年在世界上约 80 个国家安排近 800 场各类汽车比赛。

FIA 是国际奥林匹克委员会成员组织。

6.2.2　国际汽车工程师学会联合会（FISITA）

　　国际汽车工程师学会联合会是国际性的汽车技术人员民间交流组织，于1948年由法国、意大利和西班牙的汽车工程学会共同创建。FISITA每两年组织一次国际汽车工程大会，吸收1000名以上的代表参加。它已成为国际技术协会的成员。

6.2.3　美国汽车工程师协会（SAE）

　　美国汽车工程师协会（Society of Automotive Engineers，SAE）成立于1902年。SAE是国际上最大的汽车工程学术组织，研究对象是轿车、载重车及工程车、飞机、发动机、材料及制造等。目前，该协会的标准化工作，除汽车制造业外，还包括飞机、航空系统、航空器、农用拖拉机、运土机械、筑路机械以及其他制造工业用的内燃机等。SAE制定的标准不仅在美国国内被广泛采用，而且成为国际上许多国家工业部门和政府机构在编制标准时的依据，为国际上许多机动车辆技术团体广泛采用。

6.2.4　中国汽车工程学会（SAE-China）和中国汽车工业协会（CAAM）

　　中国汽车工程学会（SAE-China）成立于1963年，是由中国汽车科技工作者自愿组成的全国性、学术性法人团体；是中国科学技术协会的组成部分，是国际汽车工程学会联合会（FISTA）成员并任理事，是国际太平洋地区汽车工程会议（IPC）发起组织之一。

　　中国汽车工业协会（CAAM）成立于1987年5月，是经中华人民共和国民政部批准的社团组织，地址设在北京。中国汽车工业协会是在中国境内从事汽车、摩托车、零部件及汽车相关行业生产经营活动的企事业单位和团体，在平等、自愿基础上依法组成的全国性工业行业协会。

6.3　世界车城与车展

6.3.1　世界十大汽车城

　　美国底特律。底特律是美国通用汽车公司、福特汽车公司和克莱斯勒汽车公司总部所在地。

　　日本丰田市。丰田市因丰田公司建于此而闻名于世，有"东洋底特律"之称。

　　德国斯图加特。斯图加特是戴姆勒-奔驰汽车公司总部所在地。

　　意大利都灵。都灵是菲亚特公司总部所在地。

　　德国沃尔夫斯堡。沃尔夫斯堡又称"狼堡"，是大众汽车公司总部所在地。

　　日本东京。东京是日产、三菱和五十铃汽车公司所在地。

　　法国巴黎。巴黎是标致和雪铁龙汽车公司总部所在地。

　　英国伯明翰。伯明翰是利兰汽车（Leyland）公司总部所在地。

　　德国吕塞尔海姆。吕塞尔海姆是欧宝汽车公司总部所在地。

　　法国比扬古。比扬古是雷诺汽车公司总部所在地。

　　随着中国汽车工业的崛起，长春、上海、武汉、北京、天津、重庆、广州、柳州、合肥等城市已成为名副其实的中国汽车城。

6.3.2 国际著名车展

汽车展览会（简称车展）是汽车制造商宣传企业品牌、展示最新汽车科技、发布新车信息的最佳平台。其影响力对世界汽车工业的发展起到了重要的推动作用。

6.3.2.1 法兰克福车展

法兰克福车展创办于1897年9月，是两年一度的在德国法兰克福市举办的国际性汽车展览，也是世界规模最大的车展，有"汽车奥运会"之称。参展的商家主要来自欧洲、美国和日本，尤其是以欧洲汽车商居多。

6.3.2.2 底特律车展

底特律国际汽车展创始于1907年，又名北美国际汽车展，由底特律汽车经销商协会主办。每年都有几十家汽车厂商、几百辆新款概念车和生产车参加展览，是全球汽车工业的一个重要展示窗口。

6.3.2.3 巴黎车展

与法兰克福车展相对应，巴黎车展在偶数年中举行，参展者除世界各大汽车厂家以外，还有零部件生产厂以及私人用车和工程车辆。车展上不仅推出各种新款汽车，还有一些仍在设计中的拥有全新技术和革新造型的概念车与观众见面。

6.3.2.4 日内瓦车展

日内瓦车展起源于1905年，正式创办于1924年。一年一度的日内瓦车展已成为来自欧洲和世界的汽车制造商、汽车设计大师们展现实力的舞台，是各大汽车商首次推出新产品的最主要的展出平台，素有"国际汽车潮流风向标"之称。

6.3.2.5 东京车展

东京车展创办于1966年，是五大车展中历史最短的，每年10月底举行，单数年为轿车展，双数年为商用车展。东京车展被誉为"亚洲汽车风向标"，历来是日本本土生产的各种千姿百态的小型汽车唱主角的舞台，这也是与其他国际著名车展相比最鲜明的特征。同时，各种各样的汽车电子设备和最新技术成果也是展会的一大亮点。

6.3.3 国内著名车展

6.3.3.1 北京国际汽车展

北京国际车展是中国最具权威性、最具影响力的国际汽车展览会，创办于1990年。北京国际车展一直以展示世界各国汽车制造商及零部件制造商科技前沿的产品和针对市场的新产品而闻名，许多汽车厂商都把北京国际车展作为提升自己企业及品牌形象、展示自己科技实力的最好机会。近几届北京车展上，可以看到各大汽车公司所展示的新产品、新技术，代表了世界汽车工业发展的趋势。

6.3.3.2 上海国际车展

上海车展创办于1985年，是中国最早的专业国际汽车展览会。上海车展每逢单数年举办。2004年6月，上海国际车展顺利通过国际展览联盟（UFI）的认证，成为中国第一个被UFI认可的汽车展。目前上海车展已成为亚洲规模最大的车展。

6.4 汽车公害与环保

汽车在造福人类的同时，也给人类社会以及人们赖以生存的环境带来了巨大威胁。随着汽车保有量的不断增加，汽车的排放污染、噪声污染，在很多城市已经成了造成污染的罪魁祸首；汽车电器设备产生的电磁波产生对无线电、电视广播和通信设备的干扰；汽车造成的交通事故，远超过战争造成的人身伤害；汽车对石油的大量消耗，加速了世界石油资源危机。汽车公害已经成为遮掩汽车辉煌的一层阴翳。

1998 年 9 月 22 日，法国率先发起"法国无车日"，得到了法国 35 个城市的响应。2000 年 2 月，欧盟及欧盟的 9 个成员国发起"欧洲无车日"的倡议，确定"9 月 22 日"为"欧洲无车日"，得到全欧洲 26 个国家的 840 个城市的响应。

6.4.1 汽车排放公害

汽车排放的污染物主要有一氧化碳（CO）、碳氢化合物（HC）、氮氧化合物（NO_x）和炭烟微粒（PM）等有害气体。

近 30 年来，世界范围内的环保呼声越来越高，针对环境和能源形势的日趋恶化，汽车作为污染环境和消耗能源的大户，倍受人们的关注。解决汽车排气污染的途径有两个：一是利用无污染或低污染动力源，如压缩天然气（CNG）、液化石油气（LPG）、醇类、氢气、电力以及太阳能等；二是对现有发动机的排污进行净化，这是目前广泛使用的一种措施。

世界上第一个汽车排放法规是 1955 年颁布的，由于"洛杉矶光化学烟雾事件"的发生，加利福尼亚州成为美国乃至全球第一个发布机动车排放标准的州。1971 年，美国清洁空气法规要求必须大幅度降低汽车废气中有害污染物的限值。

欧洲排放标准是由欧洲经济委员会（ECE）的排放法规和欧盟（EU）的排放指令共同组成的。排放法规由 ECE 参与国自愿认可，排放指令是 EU 参与国强制实施的。汽车排放的欧洲法规（指令）标准 EU No692 1992 年前已实施若干阶段，欧洲从 1992 年起开始实施欧Ⅰ排放标准、1996 年起开始实施欧Ⅱ排放标准、2000 年起开始实施欧Ⅲ排放标准、2005 年起开始实施欧Ⅳ排放标准、2008 年起开始实施欧Ⅴ排放标准、2013 年起开始实施欧Ⅵ排放标准（表 6-4）。

表 6-4 欧洲汽车排放标准排气污染物限值（欧Ⅵ）

车辆类别		基准质量（*RM*）/kg	限值/（mg/km）							
			CO		HC	NO_x		HC+NO_x	PM	
			汽油机	柴油机	汽油机	汽油机	柴油机	柴油机	汽油机	柴油机
M 类车	—	全部	1000	500	100	60	80	170	5	5
N1 类车	Ⅰ级	$RM \leq 1305$	1000	500	100	75	105	170	5	5
	Ⅱ级	$1305 < RM \leq 1760$	1810	630	130	82	125	195	5	5
	Ⅲ级	$1760 < RM$	2270	740	160	82	125	195	5	5
N2 类车			2270	740	160	82	125	215	5	5

1983 年我国颁布实施了第一批机动车尾气污染控制排放标准，1993 年修订实施了汽车排放国家标准。参照排放法规和欧盟排放标准，2001 年我国第一阶段机动车排放标准开始实施。2015 年，我国开始实施修订后的《中华人民共和国环境保护法》，2016 年开始实施修订后的《中华人民共和国大气污染防治法》。2017 年，我国第五阶段国家机动车排放标准开始在全国实施。由环境保护部、国家质检总局发布实施的《重型柴油车污染物排放限值及测量方法（中国第六阶段)》自 2019 年 7 月 1 日起实施，《轻型汽车污染物排放限值及测量方法（中国第六阶段)》排放标准自 2020 年 7 月 1 日起实施。

6.4.2　道路交通安全

道路交通事故给社会、家庭带来了巨大的危害，已成为汽车的最大公害。

1899 年 9 月，世界上有记载的第一次交通事故发生在美国纽约。1903 年，美国正式颁布实施《驾车的规则》，这个规则成为世界上最早的道路交通法规。

1955 年，我国颁布实施了第一部交通法规《城市道路交通规则》。1988 年 8 月，我国正式施行《中华人民共和国道路交通管理条例》，同时废止《城市道路交通规则》。1996 年 10 月 1 日，我国开始实施国务院发布的《城市道路管理条例》。2003 年 10 月，十届全国人大常委会第五次会议通过了《中华人民共和国道路交通安全法》，自 2004 年 5 月 1 日起实施。该法的第一次修订版自 2008 年 5 月 1 日起实施，该法的第二次修订版自 2021 年 4 月 29 日起实施。

6.5　汽车召回制度

汽车召回（SafetyRecall）制度源于美国。

美国在 1966 年颁布了《国家交通及机动车安全法》，后来颁布了《联邦机动车安全标准》，这些法律规定："厂商发现了由于设计或制造的原因，已投放市场的汽车存在可能导致安全事故的缺陷后，必须对车辆实施召回"。召回制度的实施，有利于提高消费者对厂家的信赖程度，通过公布召回可以使广大用户迅速了解情况，避免更大的损失。美国实施该制度以来，得到了世界各国的响应，日本、英国、德国、法国、意大利、瑞典、加拿大、澳大利亚等国家相继施行了召回制度。

2004 年 12 月，我国国家质量监督检验检疫总局公布了《家庭汽车产品更换退货责任规定（草案)》（俗称汽车三包法)。"汽车三包法"为广大汽车消费者的合法权益保护提供了完善的法律保证。2012 年 10 月，中华人民共和国国务院令第 626 号公布了《缺陷汽车产品召回管理条例》，自 2013 年 1 月 1 日起施行。该条例适用于在中国境内生产、销售的汽车和汽车挂车。

2012 年 6 月 27 日国家质量监督检验检疫总局局务会议审议（总局令第 150 号）通过《家用汽车产品修理、更换、退货责任规定》（俗称汽车三包法)，自 2013 年 10 月 1 日起施行。汽车"三包"政策从法律上保证了消费者的合法权益，中国是继美国、日本、加拿大、英国、澳大利亚后第 6 个实行汽车"三包"的国家。

2015 年 11 月 27 日，国家质量监督检验检疫总局令第 176 号公布《缺陷汽车产品召回管理条例实施办法》，自 2016 年 1 月 1 日起施行。

由国家市场监管总局审议通过并经生态环境部同意，自 2021 年 7 月 1 日起正式实施《机动车排放召回管理规定》，由原先的安全召回扩展至排放召回。新规规定，有下列 3 种情形之一应进行排放召回：

1）由于设计或者生产缺陷导致机动车排放超标。

2）由于不符合规定的环境保护耐久性要求导致机动车排放超标。

3）由于设计或生产原因导致机动车存在排放超标或不合理排放。

6.6 汽车收藏

汽车收藏的内容丰富多彩，但都没有离开汽车文化、历史这一主线。随着汽车进入中国家庭，国内以汽车文化为主题的收藏悄然兴起，成为当今大众收藏的一个新的领域。

6.6.1 实物收藏

汽车实物收藏为实力派收藏家所钟爱，收藏品主要有不同历史时期有代表性的汽车产品以及有特别纪念意义的汽车及有关物品（如获得汽车比赛冠军的赛车、著名赛车选手的服装等）。

6.6.2 车模收藏

在众多汽车收藏品中，车模是一个重要的门类。车模是依照真实汽车的样式，按一定的比例微缩制成的，仿真性强，样式别具一格，甚至连极微小的部件也能仿作得很精致。大多数车模以仿制各种世界名车和老爷车为主，既有很高的观赏性，也有很高的收藏价值。

车模的比例一般有 1∶18、1∶24、1∶43、1∶64、1∶76 等，其外形用大密度合金材料压铸成形、表面打磨喷漆，精细亮泽。汽车模型与玩具车不同，首先，模型车具有 60 个以上的零部件；其次，模型车应在获得原生产厂家的授权后，依照原设计图样按比例缩小后进行生产；再次，车模具有知识产权和收藏证书，一般限量发行。

思考题

1. 汽车、乘用车和商用车的定义各是什么？

2. VIN 由几个部分组成？VIN 有字母和数字各多少位？

3. 汽车展览会的主要作用是什么？

4. 汽车排气污染物主要有哪些？我国第五阶段国家机动车排放标准和第六阶段国家机动车排放标准分别从何时开始实施？

5.《机动车排放召回管理规定》规定哪些情形应进行排放召回？

6. 我国现行的《中华人民共和国道路交通安全法》从何时开始实施的？已经经过了几次修订？

第 **7** 章
现代汽车科技概览

从 20 世纪 80 年代开始，以计算机广泛应用为标志的"信息时代"席卷全球，也引发了汽车新技术革命——汽车电子化时代的到来。信息、能源和材料等科学技术的发展，为汽车的安全、节能、环保并向智能化、网络化等方向发展拓展了无限空间。汽车技术及汽车的发展趋势如图 7-1 所示。

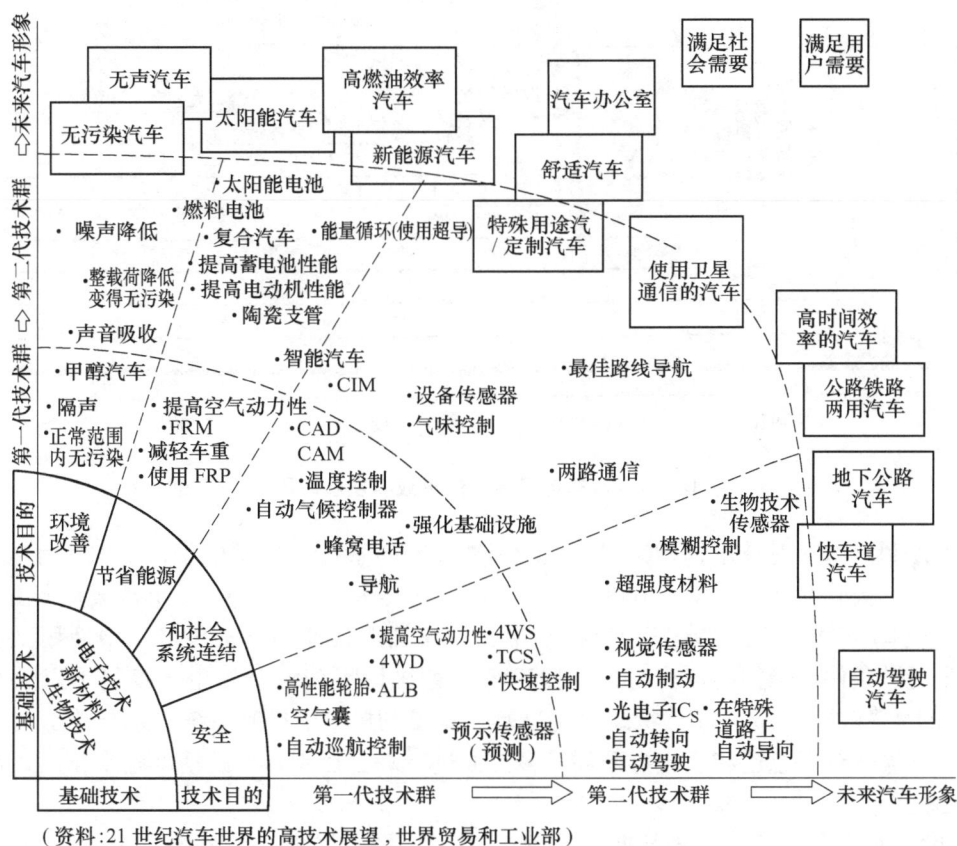

（资料：21 世纪汽车世界的高技术展望，世界贸易和工业部）

图 7-1　汽车技术及汽车的发展趋势

7.1　汽车电子化

随着晶体管收音机的问世，1955 年，在汽车上安装晶体管收音机成为时尚。1959 年，采用集成电路的收音机开始在汽车上推广应用。

汽车电子技术的形成与发展阶段如图 7-2 所示。20 世纪 60 年代初期，出现了硅二极管整流器，采用硅二极管整流的交流发电机开始替代原来汽车上使用的直流发电机。20 世纪 60 年代中期，晶体管电压调节器在车用交流发电机上开始普及。

从 20 世纪 60 年代起，汽车制造商开始开发晶体管点火装置，用来提高点火能量，改善发动机的经济性。1953 年，美国本迪克斯公司（Bendix）着手开发电子汽油喷射装置（Electrojector），并于 1957 年开发成功了真空管电子计算机控制的电子汽油喷射装置、电子汽油喷射系统，开创了电子汽油喷射系统的先河。1962 年，德国博世（BOSCH）公司着手

第三阶段
- 动力传动总成控制系统
- 制动、转向、悬架整体控制系统
- 车身电子控制系统
- 综合信息显示系统
- 在线故障诊断系统
- 通信和导航系统
- 多路传输和智能电源

第二阶段
- 发动机电子管理系统
- 自动变速系统
- 制动防抱死系统
- 软/硬悬架
- 巡航控制
- 电子仪表群
- 小气候控制

第一阶段
- 车载收音机
- 发电机硅整流器
- 晶体管无触点点火
- 燃油喷射控制
- 电子时钟

大容量 E²PROMS

灵巧传感器

灵巧电源

16 位微型计算机

4/8 位微型计算机

数字 IC

模拟 IC

晶体管 TORS

二极管

1960　　1970　　1980　　1990　　2000　　年

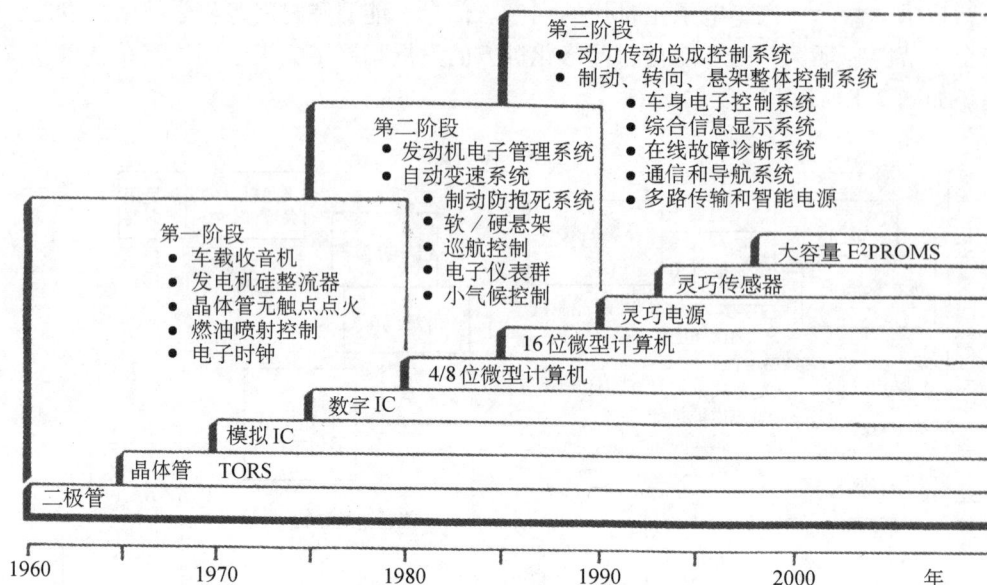

图 7-2　汽车电子技术的形成与发展阶段

开发电子控制汽油喷射技术，1967 年公布了 D-Jetronic 系统（D 型电子汽油喷射系统），装备在大众汽车公司生产的 VW—1600 型轿车上，率先达到当时美国加州排放法规的要求。1976 年，美国通用汽车公司在发动机控制中，最先在点火控制（MISAR）中使用微机，它能够根据运转条件精确控制点火时刻。1979 年，德国博世公司开始生产集电子点火和电控汽油喷射于一体的 Motronic（莫特朗尼克）数字式发动机集中控制系统。系统能够对发动机空燃比、点火时刻、怠速和废气再循环等多方面进行综合控制，控制精度越来越高，控制功能也更趋完善。

20 世纪 90 年代以来，防抱死制动系统（ABS）、驱动防滑控制系统（ASR）、安全气囊系统（SRS）、电控自动变速器（EAT）等广泛被应用，标志着汽车进入了电子化时代。

7.1.1　汽油机发动机管理系统（EMS）

发动机管理系统（Engine Management System，EMS）可分为汽油机发动机管理系统和柴油机发动机管理系统。

汽油机电子控制系统由电控单元控制发动机燃油喷射、点火时刻、怠速和排放等。发动机工作时，电控单元根据控制程序和各传感器输入的信号控制发动机的燃油喷射、点火时刻、怠速、燃油箱燃油蒸气控制和废气再循环等。典型的发动机电子控制系统有博世公司的莫特朗尼克系统、福特汽车公司的发动机电子控制系统（EEC-Ⅳ）、通用汽车公司的数字燃油喷射系统（DFI）等。

7.1.2　柴油机高压共轨燃油喷射系统（Common-Rail Fuel Injection System）

从 20 世纪 80 年代后期到 90 年代初，德国博世等公司研究开发了柴油机高压共轨燃油喷射系统（Common-Rail Fuel Injection System）。由于喷油压力高、喷油时刻和喷油量实现电子控制，柴油机采用高压共轨喷射系统与增压中冷、排气再循环、三元催化转化相结合的柴油机电子控制系统，可显著改善发动机的动力性、经济性，其排放性能能达到欧Ⅵ排放标准。

已成功开发并获得应用的共轨系统的公司主要有德国的 Bosch 公司、Siemens 公司，美国的 Delphi 公司以及日本的 Denso 公司等。

7.1.3　电控自动变速器（EAT）

1939 年，美国 GM 公司首次将液力自动变速器（AT-Automatic Transmission）装用在奥兹莫比尔轿车上，该自动变速器具有两个前进档。20 世纪 50 年代初，开始出现根据车速和节气门开度的变化以液压控制方式进行自动换档的液力自动变速器。1983 年，德国博世公司宣布其发动机和液力自动变速器控制合在一个单元的 Motronic 系统，在各种使用工况下实现了发动机与传动系统的最佳匹配。

电控自动变速器（Electronic Controlled Automatic Hydraulic Transmission，EAT）是由电控单元根据节气门位置传感器和车速传感器等信号控制换档时机，电控单元控制换档电磁阀改变液压回路，通过液压装置实现换档。

电控自动变速器又称电控-液压自动变速器，采用电控-液压方式使行星齿轮变速器自动换档，各档位具有固定的传动比。

7.1.4　电控无级变速器（ECVT）

1958 年，荷兰 H. 范·多尼斯（Hub Van Doorne）发明了双 V 形橡胶带式无级变速器，称为 Variomatic。1979 年，荷兰 VDT（Van Doore's Transmissie）公司成功地开发出钢片推力带式无级变速器，由于其传递转矩大、质量小而且结构紧凑，很快被 Rover、Fort、Fiat 和 Nissan 等公司采用。

电控无级变速器（Electronic Control Continuously Variable Transmission，ECVT）采用电控-液压自动控制，传动比在一定范围内可连续变化。无级变速器具有连续变化的传动比，能充分利用发动机的功率，减少燃料的消耗以及改善发动机的排放性能。

7.1.5　防抱死制动系统（ABS）、驱动防滑系统(ASR)和电子稳定程序控制系统(ESP)

7.1.5.1　防抱死制动系统（ABS）

1936 年，德国博世公司取得了 ABS 专利权。该专利是由装在车轮上的电磁式转速传感器和控制液压的电磁阀组成。1954 年，美国福特公司首次把法国生产的民航机用 ABS 应用在林肯牌轿车上。这次试装虽然以失败而告终，但揭开了在汽车上应用 ABS 的序幕。1957 年，福特公司与 Kelsey Hayes 公司联合开发 ABS，1968 年达到预期目标。1971 年，德国博世公司推出了电子 ABS，并从开始的集成电路控制发展为微机控制。

ABS 根据传力介质不同，可分为液压式和气压式两类。气压式 ABS 是利用压缩空气作为传力介质的，一般用在货车和大型客车上。液压式 ABS 是利用制动液作为传力介质的，主要用在轿车、小型客车上。

当 ABS 工作时，电控单元根据各车轮转速传感器的检测信号和控制程序，调节各制动轮缸的制动压力使车轮的滑移率控制在 10%~30% 的范围内，使汽车获得最大的制动力且保持制动时的方向稳定性和转向操纵性。

7.1.5.2　驱动防滑系统（ASR）

驱动防滑系统（Acceleration Slip Regulation，ASR）又称为牵引控制系统（Traction Control System，TCS），其作用是控制驱动轮的驱动滑移率，以保持汽车行驶时的方向稳定性，可提高车轮与路面间的纵向附着能力，提供最大的驱动力。

当汽车行驶在易滑路面上时，打开仪表板上的 ASR 控制开关，电子控制装置可控制节气门执行器减小节气门开度或控制器压力调节器对打滑车轮进行制动，从而控制驱动轮的驱动滑移率，保持汽车行驶时的方向稳定性和提供最大的驱动力。

7.1.5.3　电子稳定程序控制系统（ESP）

ABS/ASR 成功地解决了汽车在制动和驱动时的方向稳定性问题，但不能解决汽车转向行驶时的方向稳定性问题，因此人们在 ABS/ASR 的基础上发展出了电子稳定程序控制系统（ESP）。电子稳定程序控制系统（Electronic Stability Program，ESP）又称汽车动态控制系统（Vehicle Dynamic Control，VDC）。该系统把汽车的制动、驱动、悬架、转向、发动机等各主要总成的控制系统在功能上、结构上有机地综合在一起，可使汽车在各种恶劣工况下都有良好的方向稳定性，表现出最佳的行驶性能。

7.1.6　电子控制动力转向系统（EPS）

1955 年，别克汽车采用液压助力转向系统提高了汽车转向轻便性，其后液压助力转向系统在汽车上获得了广泛的应用。20 世纪 80 年代后出现了电子控制的动力转向系统。

电子控制动力转向系统（Electronic Control Power Steering，EPS 或 ECPS）可根据车速、转向情况等对转向助力实施控制，使动力转向系统在不同的行驶条件下都有最佳的放大倍率：在低速时有较大的放大倍率，可以减轻转向操纵力，使转向轻便、灵活；在高速时适当减小放大倍率，以稳定转向手感，提高高速行驶的操纵稳定性。

在电子控制动力转向系统中，电控单元通过控制直流电动机直接调节转向力，电动转向系统只是在转向时才向电动机供电，在不进行转向时几乎没有动力消耗。采用电子控制动力转向系统的汽车比采用液压转向系统的汽车具有更好的燃油经济性。

7.1.7　四轮转向系统（4WS）

四轮转向系统（Four Wheel Steering，4WS）是在前轮转向的基础上增加后轮转向机构和电子控制系统，转向时能够实现汽车前、后 4 个车轮的转向和控制。4WS 不仅提高了高速时的稳定性和可控性，而且提高了低速时的机动性。

7.1.8　电控悬架

电控悬架属于主动悬架，可分为半主动悬架和主动悬架两类。半主动悬架指悬架元件中弹簧刚度或减振器阻尼系数之一可以根据需要进行自动调整的悬架。

主动悬架指悬架元件中弹簧刚度和减振器阻尼系数均可根据需要进行自动调整的悬架。主动悬架可根据汽车载重、路面状况、行驶速度、起动、制动、转向等工况变化，自动调整悬架的刚度和减振器的阻尼以及车身高度，从而满足汽车行驶平顺性和稳定性等各方面的要求。主动悬架的控制部分是由传感器、电控单元（ECU）和执行器等组成的闭环控制系统。

电控单元（ECU）将根据加速度（G）传感器输出的信号对车身的运动状态进行判别，并通过控制安置在悬架中的执行器调节空气弹簧（或油液）压力，既能自动调节车身的高度，抑制车身的跳动、俯仰或侧倾运动，又能衰减由路面引起的车身振动。

7.1.9　巡航控制系统（CCS）

巡航控制系统（Cruise Control System，CCS）又称为速度控制（Speed Control）系统。该系统工作时，驾驶人无需操作加速踏板就能保证汽车以设定的车速匀速行驶。当汽车在高速公路上长时间行驶时，打开巡航控制开关，设定好安全行驶速度，系统就能够根据道路行驶阻力的变化，自动地增减发动机节气门的开度，使汽车保持一定的行驶速度。

巡航控制系统主要由巡航控制开关、车速传感器、电控单元和执行器组成。当驾驶人按下巡航取消开关或踩下制动踏板时，巡航控制系统中止运行，恢复到驾驶人控制汽车速度方式。

7.1.10　安全气囊系统（SRS）

安全气囊系统又称为辅助约束系统（Supplementat Restrain System，SRS）或气体发生器式辅助约束系统（Supplement Inflatable Restrain System，SIR）。安全带和安全气囊系统是汽车重要的被动约束系统。

1984年，在美国汽车碰撞安全标准（FMVSS208）经多次被废除后重新开始实施，其中规定从1995年9月1日以后制造的轿车前排座前均应装备安全气囊，同时要求1998年以后的新轿车都装备驾驶人和乘员用的安全气囊，自此确认了安全气囊的作用。

我国于1999年10月颁布了CMVDR294《关于正面碰撞乘员保护的设计规则》，2000年将汽车正面碰撞列入了40项强制性检验项目，要求新生产的M1类乘人客车2000年4月1日后满足正面碰撞乘员保护要求。

汽车正面、侧面碰撞乘员保护试验如图7-3、图7-4所示。

图7-3　汽车正面碰撞乘员保护试验

图7-4　汽车侧面碰撞乘员保护试验

7.2　汽车网络化

随着电子技术在汽车上被广泛应用，汽车上的电控单元（控制器、控制模块）越来越多，如果仍采用常规的布线方式，将导致车上导线数目急剧增加，会增加成本、降低车辆的可靠性并增加维修难度。为便于多个电控单元之间相互连接、协调工作和信息共享，汽车控制器局域网络（Controller Area Network，CAN）应运而生。

7.2.1 CAN 总线（CAN-BUS）

在现代轿车的设计中，CAN 总线已成为汽车网络的标准装备，各汽车公司都采用了 CAN 作为控制器联网的手段。

目前汽车上的网络连接方式通常采用 2 条 CAN，一条用于驱动系统的高速 CAN，速率达到 500kB/s；另一条用于车身系统的低速 CAN，速率是 100kB/s。高速 CAN 的主要连接对象是发动机控制器、ABS 及 ASR 控制器、安全气囊控制器等。低速 CAN 主要连接和控制汽车内外部照明/灯光信号、空调、组合仪表及其他辅助电器等。

CAN 具有多主节点、开放式结构、错误检测及自恢复能力等优点。CAN 总线的通信介质可以是双绞线、同轴电缆或光导纤维，通信速率为 5~1000kB/s，通信距离与通信速率成反比，可达 0.01~10km，可完全满足汽车网络通信的要求。CAN 协议的一个最大特点是废除了传统的站地址编码，而代之以对通信数据块进行编码，使网络内的节点个数在理论上不受限制。

7.2.2 局部连接网络（LIN）

局部连接网络（Local Interconnect Network，LIN）是由 Audi、BMW、Daimler-Chrysler、Motorola、Volcano Communications Technologies（VCT）、Volkswagen 和 Volvo 等公司组成的 LIN 联合体提出的一个汽车底层网络协议。其目的是给出一个价格低廉、性能可靠的低速网络，在汽车网络层次结构中作为低端网络的通用协议，并逐渐取代各种各样的低端总线系统。

LIN 网络及其开发应用会降低车上电子系统开发、生产、使用和维护的费用。LIN 网络典型的应用是车上传感器和执行器的联网。按 SAE 的车上网络等级标准，LIN 属于汽车上的 A 级网络。

7.2.3 基于时间触发的车上网络协议标准 FlexRay

随着汽车电子控制系统、通信系统的发展以及"线控"CBW（Conrtol By Wire）系统的增加，对车上网络提出了更高的要求。一些基于事件触发的总线系统，如 CAN 总线，已经不能满足要求，尤其是不能满足分布式控制系统对通信时间离散性及延迟的要求。在这样的背景下，出现了一些数据传输速度高、可靠性高、通信时间离散度小并且延迟固定的车上通信网络标准，这些标准都支持时间触发通信方式。比较典型的这类车上网络协议标准有 FlexRay、byteflight、TTP/C 和 TTCAN 等。

FlexRay 是一个为车上应用系统高层网络和"线控"系统开发的通信标准，在提高数据传输率的条件下，能够满足汽车安全要求的可靠性指标。FlexRay 不仅是一个通信协议，而且包括特殊定义的高速发送和接收驱动器，以及各种 FlexRay 元件的硬件和软件接口标准。在汽车控制系统中，FlexRay 被用于底盘控制、车身控制和动力传动系统控制。FlexRay 系统适用于多种网络拓扑结构，包括总线结构、星形结构以及多星形结构。它的数据传输速度达到 5MB/s，节点数可达 64 个。

7.2.4　线控技术

线控（Control By Wire，CBW）技术最早应用于航空领域，随着汽车电子技术和网络技术的发展，以网络通信为基础的线控技术在汽车上的应用越来越普遍。所谓"线控"是指利用电子信息的传送和电气装置的动作取代传统的机械、液压、气动装置的连接和动作，如变速杆、节气门拉线、转向机传动机构、制动油路系统等。

线控系统在人机接口、执行机构和传感机构之间，以及与其他的系统之间要进行大量的信息传输，要求网络的实时性好、可靠性高，而且要求具有冗余的"功能实现"，以保证在故障时仍可实现装置的基本功能。

线控技术的优势主要表现在以下方面：

① 由于操纵控制通过驾驶人的手完成，不需要转向盘、转向管柱和脚踏板，这就减少了正面碰撞时的潜在危险性，改善了汽车的安全性和舒适性，并为汽车设计提供了更大的设计空间。

② 线控的灵活性大幅度降低了汽车设计、制造和生产成本。

③ 线控汽车节省了许多机械连接装置、液压装置和气压装置，简化了结构，简化了生产工艺，便于实现汽车轻量化。

④ 无需使用液压制动或其他任何液压装置使汽车更为环保。

⑤ 便于实现个性化设计，由于驾驶特性如制动、转向、加速等过程都是程序设定的，设计师可设计不同的程序供用户选择。

7.2.5　光纤信息传输网络与汽车媒体 MOST 网络

汽车多媒体设备、信息设备的 MOST 网络（Media Oriented Systems Transport，MOST）是媒体信息传送的网络标准。

MOST 网络具有以下特点：

① 保证低成本的条件下，达到 24.8MB/s 的数据传输速度。

② 不需要额外的主控计算机系统，结构灵活、性能可靠和易于扩展。

③ 使用光纤作为信息传输介质，可以连接视听设备、通信设备以及信息服务设备。

④ 支持"即插即用"方式，在网络上可以随时添加和去除设备。

⑤ 支持声音和压缩图像的实时处理、支持数据的同步和异步传输等。

MOST 网络的特点非常适应汽车多媒体设备应用环境的需要，具有可靠、成本低、系统简单、结构灵活、数据兼容性好和良好的抗电磁干扰性能。随着车上信息设备的不断增加，通过声控系统访问这些设备是最安全和最经济的方式，MOST 网络是首选人机接口方式，通过 MOST 网络将人机语音接口与车上多媒体设备、通信设备以及其他信息设备连接起来，实现车上语音设备与操作者的对话。

7.3　智能运输系统与汽车智能化

7.3.1　智能运输系统（ITS）

智能运输系统是将数字通信网络、自动控制、人工智能等先进技术有效地综合运用于交通运输设施、服务控制和车载装备，加强人、车辆、道路三者之间的信息联络，所形成的一种高效、安全、环保、节能的综合运输系统。随着计算机技术、通信技术、电子控制技术的发展，20世纪90年代以来，智能运输系统在汽车导航电子收费、辅助安全驾驶、交通管理优化、公共交通支持、商业车辆管理等领域获得了广泛的应用。

7.3.2　全球定位系统（GPS）和北斗卫星导航系统（CNSS）

全球定位系统是在20世纪70年代中期，美国国防部在子午仪卫星导航系统基础上发展起来的，于1994年全面建成，是具有海、陆、空全方位实时三维导航与定位能力的卫星导航与定位系统。它可以在全球范围内实现全天候、实时为用户提供静态或动态目标的精确位置、速度和高度等信息。

北斗卫星导航系统是中国自行研制的全球卫星定位与通信系统（CNSS），是继美国全球定位系统（GPS）、俄罗斯格洛纳斯系统（GLONASS）之后第3个成熟的卫星导航系统。系统由空间端、地面端和用户端组成，可在全球范围内全天候、全天时为各类用户提供高精度、高可靠定位、导航、授时服务，并具备短报文通信、区域导航、定位和授时能力，定位精度为分米、厘米级别，测速精度为0.2m/s，授时精度优于10ns。

7.3.3　车辆导航系统

车辆导航系统采用车载GPS定位装置确定车辆的行驶位置，与预先存储的数字地图数据进行地图匹配，实时动态地显示车辆在路网中的位置，并优化车辆到达目的地的最佳路径以及到达相应路段后的路径诱导。

7.3.4　不停车电子收费系统（ETC）

不停车电子收费系统又称ETC系统（Electronic Toll Collection System），是智能交通系统的一个重要组成部分，它不仅为车主用户、高速公路运营商提供快捷的路桥收费的交易服务，还为ITS领域智能化信息服务提供了技术支持。不停车电子收费系统的组成如图7-5所示。

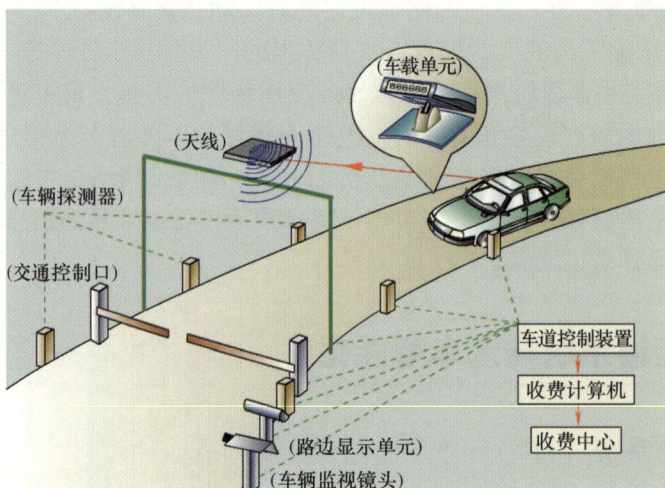

图7-5　不停车电子收费系统

采用 ETC 系统后，车辆经过收费站时无需停车交费，由计算机等设备自动完成对车辆通行费的征收工作。不停车电子收费系统从根本上克服了由于收费过程造成的交通延误与交通拥堵，减少了停车次数和时间，减少了燃油消耗和排气污染，提高了道路运输生产效率，降低了收费公路管理成本。

7.3.5 汽车专用智能车道系统与自动驾驶

汽车专用智能车道系统由车—路通信系统和车—车通信系统组成。车—路通信系统、车—车通信系统主要由 LCX 电缆（Leaky Coaxial Cables，泄漏同轴电缆或泄波同轴电缆）、雷达探测器、CCD 摄像机、道路磁性标记和磁性传感器、天线及处理系统等组成。

LCX 电缆沿路线连续设置，磁性标记埋设于车道中央路表。在每辆车上装备有数个磁性传感器，测距传感器（即雷达探测器）用以测定车自身与前面行驶车辆或障碍物间距。CCD 摄像机（即图像传感器），用来辨别和区分道路与障碍。天线及处理系统用于与 LCX 通信，接收并处理信息。

车辆自动控制装置能够实现自动驾驶，进行行驶速率与行驶方向自动控制。

当发生异常情况时，如路侧设备与车辆通信中断，车辆本身会发出预警信息，车辆行驶状态由自动方式转为人工方式。

7.3.6 汽车智能防撞系统

汽车智能防撞系统包括纵向防撞系统、侧向防撞系统和交叉口防撞系统。纵向防撞主要防止汽车高速行驶情况下的追尾事故，防撞系统须具有环境监视、防撞判定和车辆自动控制功能。汽车行驶时，系统始终进行道路和障碍物监测计算。当车头接近前面车辆车尾时，该系统发出防追尾警告，提醒驾驶人采取制动措施。若驾驶人没有及时采取制动措施，系统便启动紧急制动装置，使车辆自动制动或减速。激光扫描雷达安装在车辆前端的中央位置，检测车距和前面车辆方位信号输入防撞预测系统，激光扫描雷达监测范围为 5~120m，以保证在潮湿路面上，后车减速制动后不会碰撞前面暂停车辆。

7.3.7 汽车智能声控系统

声控系统是汽车智能控制的一项重要内容。当汽车行驶时，驾驶人需要双手握住转向盘以随时调整行驶方向，在这种情况下，驾驶人可以通过声音下达指令，进行打开收音机和选择频率、调节车内空调温度、拨打移动电话等操作。世界著名的汽车公司均推出过各具特色的声控系统，如法国雪铁龙公司与美国微软公司共同开发了一种汽车用电脑网络系统，驾驶人可以通过这个系统口授各种指令，车上的电子系统则由一个"女士"的声音来回应他的指令，并按照指令执行相应的操作。德国奔驰公司的 S 级车的声控系统能对车内显示屏周围的各种按钮进行控制，并且采用了光纤技术，使驾驶人的口授指令能得到快速执行。

7.3.8 无人驾驶汽车

无人驾驶汽车涉及人工智能、认知科学、机器人技术与车辆工程等众多学科，是未来智能汽车的发展方向。无人驾驶汽车是一种将探测、识别、判断、决策、优化、优选、执行、反馈、纠控功能融为一体，集微机、微电机、绿色环保动力系统、新型结构材料等顶尖科技成果于一身的智慧型汽车。

1925 年，人类历史上第一辆有证可查的无人驾驶汽车正式亮相。来自美国陆军的电子工程师 Francis P. Houdina 坐在一辆用无线电操控着前车的汽车上。这两辆组合式的汽车通过后车发射无线电波来控制前车的方向盘、离合器、制动器等部件。

2010 年，谷歌公司研制了 7 辆无人驾驶汽车，这些无人驾驶汽车可以进行正确的行驶，具有完备的感知能力和高水平的人工智能，可以自动识别信号灯、行人以及车辆等。2014 年，谷歌公司发布了自己完全自主设计的无人驾驶汽车，2015 年其第一辆原型汽车正式亮相（图 7-6），并且已经可以正式上路测试。在这辆无人驾驶汽车中，谷歌公司完全放弃了转向盘的设计，乘员只要坐在车中就可以享受到无人驾驶的方便和乐趣。

20 世纪 80 年代，我国开始对智能移动机器人进行研究。2013 年，百度公司开始自主研发无人驾驶汽车。2015 年 12 月，百度公司宣布其无人驾驶车已在国内首次实现城市、环路及高速道路混合路况下的全自动驾驶。百度无人驾驶汽车（图 7-7）往返全程均实现自动驾驶，并实现了多次跟车减速、变道、超车、上下匝道、调头等复杂驾驶动作，完成了进入高速（汇入车流）到驶出高速（离开车流）的不同道路场景的切换。

图 7-6 谷歌无人驾驶汽车

图 7-7 百度无人驾驶汽车

2021 年 8 月 20 日，国家市场监督管理总局正式发布了《汽车驾驶自动化分级》（GB/T 40429—2021），标准于 2022 年 3 月 1 日起正式实施。《汽车驾驶自动化分级》综合考量了动态驾驶任务、最小风险策略和设计运行范围等多个维度，将汽车驾驶自动化等级划分为 0~5 级（L0-L5），分别具有应急辅助、部分驾驶辅助、组合驾驶辅助、有条件自动驾驶、高度自动驾驶和完全自动驾驶功能。

2020 年 10 月 30 日，华为发布 HI 智能汽车解决方案，包括 1 个全新的计算与通信架构和 5 大智能系统：智能车云、智能网联、智能座舱、智能驾驶和智能电动，以及激光雷达、AR-HUD 等全套的智能化部件。华为智能汽车解决方案如图 7-8 所示。

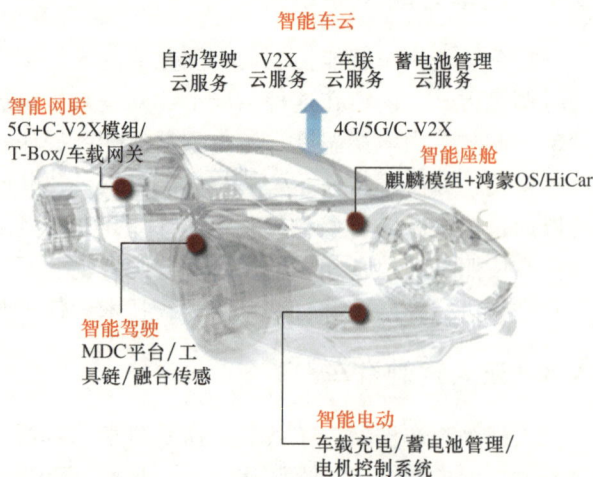

图 7-8 华为智能汽车解决方案

7.4　代用燃料汽车

代用燃料汽车通常指采用发动机代用燃料的汽车。发动机的代用燃料主要有天然气、液化石油气、甲醇或乙醇、二甲醚（DME）、生物柴油、阳光燃油和氢等。

7.4.1　压缩天然气（CNG）汽车、液化石油气（LPG）汽车

天然气是一种高效、清洁、价廉的燃料和化工原料，是继煤和石油之后的第三大能源。

天然气的主要成分是甲烷（CH_4），其成本比汽油和柴油均低。由于天然气在车上与空气混合更加均匀，燃烧更完全，使一氧化碳、碳氢化合物和硫化物的排放大大降低，燃烧排放的碳烟也少，尾气较清洁。另外，车用天然气的热值高，天然气发动机热效率与柴油机相当。

液化石油气（LPG）具有热值高、热效率高、燃烧充分，排气中一氧化碳、碳氢化合物和硫化物含量低等优点。以压缩天然气或液化石油气为燃料的出租汽车和公共汽车在我国城市中已获得推广应用。

7.4.2　燃氢发动机汽车

氢气来源广泛，可通过水电解制氢的方法制取，或从煤气、天然气、轻质油或重油等矿物燃料制取，也可通过生物原料气化和微生物方法制氢。

1974 年，在美国迈阿密首次召开了国际氢能经济利用会议。会后不久就成立了国际氢能学会（IAHE），此后每两年举行一次国际氢能会议。

德国 BMW 公司是开发氢气发动机轿车最早的公司，1979 年生产了第一辆液氢轿车（图 7-9）。BMW 公司在 2000 年汉诺威世博会上，推出的 15 辆 BMW750hL，采用 5 升 V12 燃氢发动机，令人耳目一新。

图 7-9　BMW 公司生产的第一辆液氢轿车

7.4.3　甲醇汽车、乙醇汽车和液体混合燃料汽车

20 世纪 70 年代期，德国推出了甲醇汽车，美国重点开发了 M85、M100 专用甲醇燃料汽车。20 世纪 90 年代，美国福特公司成功开发了可使用甲醇与汽油以任意比例混合燃料的灵活燃料汽车（FFV），这种汽车由燃料传感器识别成分，通过电脑提供发动机最佳运行参数。我国对甲醇燃料的研究起步于 20 世纪 70 年代初期。由于醇类、乙醇本身可从植物中获得，在未来也许会成为真正的"绿色燃料"。

我国从 2003 年起陆续停用普通无铅汽油，改用添加 10% 酒精的车用乙醇汽油。车用乙醇汽油指在不含甲基叔丁基醚（MTBE）、含氧添加剂的专用汽油组分油中，按体积比加入一定比例的变性燃料乙醇，由车用乙醇汽油定点调配中心按国标 GB18351—2017 的质量要求，通过特定工艺混配而成的新一代清洁环保型车用燃料。车用乙醇汽油具有辛烷值高、抗爆性好、降低汽车尾气排放和改善能源结构等优点。

7.4.4 煤液态燃料和阳光燃油

合成燃料指以化学方式将煤、天然气、生物质制成的燃料。燃料首先转化为合成气体，然后转化为液态合成燃料。

利用煤合成生产的煤液态燃料称为 CTL（Coal to Liquid），利用天然气合成生产的天然气液态燃料称为 GTL（Gas to Liquid），利用生物质合成生产的生物质液态燃料称为 BTL（Biomass to Liquid）。

阳光燃油（Sun Fuel）又称为生物质液态燃料，可分为生物柴油、生物汽油等。生物柴油是以大豆、油菜籽等油料作物，林木及其果实，藻类水生植物以及动物油脂等原料制成的生物液态燃料。

汽车使用的阳光燃油燃烧时排出的 CO_2，在阳光的照射下经过光合作用被植物吸收，转化为有机物储存能量并释放出氧气。阳光燃油是清洁的可循环利用的绿色能源，是实现碳中和的一条有效途径。

7.5 新能源汽车

新能源汽车指采用非常规的车用燃料作为动力来源（或使用常规的车用燃料、采用新型车载动力装置），综合车辆的动力控制和驱动方面的先进技术，形成的技术原理先进、具有新技术和新结构的汽车。

新能源汽车包括混合动力电动汽车（HEV）、纯电动汽车（BEV）、燃料电池电动汽车（FCEV）和其他新能源（如超级电容器、飞轮等高效储能器）汽车四大类型。

7.5.1 纯电动汽车（BEV）

1881 年，在法国巴黎国际电器博览会上，法国电气工程师古斯塔夫·特鲁夫（Gustave Trouve）展出了第一辆电动三轮车。他第一次把可多次充电的铅酸蓄电池和直流电动机应用于车辆。古斯塔夫·特鲁夫被公认为电动汽车之父。

1990 年，通用汽车公司研制了第一代"冲击"牌电动汽车。"冲击"牌电动轿车除了驱动系统完全实现电气化外，还全面地对车身造型、车身结构和底盘等进行了重新设计，使"冲击"牌电动轿车的空气阻力系数达到 0.19。车身采用碳纤维增强树脂和轻金属材料制造，整个车身的质量仅为 603kg，整车的质量为 1347kg，从 0~96km/h 的加速时间为 8s，电子控制最高车速为 128.7km/h，一次充电后可行驶 64~128km。

2001 年 9 月，我国正式启动"十五"电动汽车重大科技专项，专项确定了"三纵三横"的研发布局，以燃料电池电动汽车、混合动力电动汽车、纯电动汽车 3 种车型为"三纵"，多能源动力总成控制系统、驱动电机及其控制系统、动力蓄电池及其管理系统 3 种共性技术为"三横"。

由于纯电动汽车采用高压直流电源（48～350V），所以必须避免人身触电的事故发生，必须设置安全保护系统，确保驾驶人、乘员和维修人员在驾驶、乘坐和维修时的安全。在撞车、翻车或电路发生短路时，使驾驶人能够迅速切断动力蓄电池组的电源，避免发生火灾。此外，电动汽车必须配备电气装置的故障自检系统和故障报警系统。

7.5.2 混合动力汽车（HEV）

按照混合动力驱动模式分类，混合动力电动汽车可分为串联式混合动力汽车（SHEV）、并联式混合动力汽车（PHEV）和混联式混合动力汽车（PSHEV）三类；按 HEV 的混合强度可分为微混合、轻度混合和中度混合等类型。

7.5.2.1 串联式混合动力汽车（SHEV）

串联式混合动力模式由发动机、发电机和驱动电动机三大动力总成组成，发动机、发电机和驱动电动机采用"串联"的方式组成 SHEV 的驱动系统。SHEV 用发动机-发电机组均衡地发电，电能供应驱动电动机或动力蓄电池组。发动机、发电机组只能看作一种电能供应系统，发动机并不直接参与 SHEV 的驱动。串联式混合动力汽车适用于大型客车或货车，适合在路况较复杂的城市道路和普通公路上行驶。

7.5.2.2 并联式混合动力电动汽车（PHEV）

并联式混合动力汽车由发动机、电动/发电机或驱动电动机两大动力总成组成。发动机、电动/发电机或驱动电动机采用"并联"的方式组成 PHEV 的驱动系统。驱动模式有发动机驱动模式、驱动电动机驱动模式和发动机-驱动电动机混合驱动模式。在混合驱动时，发动机与驱动电动机的动力有在发动机输出轴处进行组合、在变速器（或驱动桥）处进行组合和在驱动轮处进行组合 3 种组合方式。并联式混合动力电动汽车适用于小型汽车，适应在城市道路和高速公路上行驶。

7.5.2.3 混联式（串并联式）混合动力电动汽车（PSHEV）

混联式混合动力电动汽车综合 SHEV 和 PHEV 的结构特点，由发动机、电动机-发电机和驱动电动机三大动力总成组成。驱动模式有发动机驱动模式、驱动电动机驱动模式和发动机-驱动电动机混合驱动模式。电动/发电机必须装在发动机的输出轴上才能起到发动机飞轮和起动机的作用，才能保持发动机稳定运转并进行发电。因此，在混合驱动时，发动机与驱动电动机的动力组合方式有在变速器（或驱动桥）处进行组合和在驱动轮处进行组合两种组合方式。混联式混合动力电动汽车适用于各种类型的汽车，适应在各种道路上行驶。

7.5.3 燃料电池汽车（FCEV）

燃料电池按电化学方式直接将化学能转化为电能，不经过热机过程，因此不受卡诺循环的限制，能量转化效率理论上高达 85%～90%，几乎不排放氮的氧化物和硫的氧化物。燃料电池被公认为是 21 世纪首选的洁净、高效的发电技术。随着人们对环境和能源的日益重视，燃料电池成为当今世界汽车领域开发的新热点。图 7-10 所示为通用汽车公司的燃料电池汽车氢动一号。

图 7-10　燃料电池汽车氢动一号（GM 塞飞利）

按电解质的种类不同，燃料电池可分为碱性燃料电池（AFC）、磷酸燃料电池（PAFC）、熔融碳酸盐燃料电池（MCFC）、固体氧化物燃料电池（SOFC）、固体高分子型燃料电池（PEFC）、质子交换膜燃料电池（PEMFC）以及直接甲醇燃料电池（DMFC）。各种燃料电池的类型和特点见表7-1。

表7-1 燃料电池的类型和特点

燃料电池类型	燃料	氧化物	电解质	导电粒子	工作温度/℃	规模	应用
碱性燃料电池（AFC）	纯氢	纯氧	KOH 或 NaOH	OH^-	室温~200	1~100kW	航天
质子交换膜燃料电池（PEMFC）	纯氢或净化重整气	氧气、空气	全氟磺酸膜	H^+	室温~100	1~300kW	电动汽车样车
直接甲醇燃料电池（DMFC）	甲醇	空气	全氟磺酸膜	H^+	室温~200	1~1000kW	电动汽车
磷酸燃料电池（PAFC）	重整气	空气	H_3PO_4	H^+	100~200	1~2000kW	发电站
熔融碳酸盐燃料电池（MCFC）	净化煤气或重整天然气	空气	(Li-K) CO_3	CO_3^{2-}	600~700	250~2000kW	发电站
固体氧化物燃料电池（SOFC）	净化煤气或天然气	空气	氧化铱或稳定的氧化锆	O^{2-}	800~1000	1~100kW	发电站

7.5.4 太阳能汽车

太阳能汽车是靠太阳能来驱动的汽车，一般由驾驶控制系统、电气系统、传动机构、机械系统、车身和底盘、太阳能电池板6个基本的部分组成。图7-11所示为2005年北美太阳能汽车挑战赛中正在比赛的太阳能汽车。

密歇根大学（The University of Michigan）的 Momentum

明尼苏达大学（The University of Minnesota）的 Borealis Ⅲ

图7-11 2005年北美太阳能汽车挑战赛中正在比赛的太阳能汽车

7.6 汽车新材料及其应用

随着汽车技术的发展，汽车的功能日益完善，汽车的结构越来越复杂。为满足汽车节能、环保、安全、舒适的要求，汽车材料也发生了巨大的变化。

通常按照材料的成分，将汽车材料分为金属材料和非金属材料两大类。随着汽车技术的发展，汽车材料除金属材料、非金属材料外，复合材料和纳米材料也获得广泛应用。

7.6.1 铝及其合金

铝合金已成为仅次于钢材的汽车用金属材料，能够为汽车制造提供各种铝合金铸件、冲压结构件和拉制的铝型材。铝合金主要用于制造发动机缸体、活塞、进气歧管、气缸盖、变速器壳体、轿车的骨架、车身、座椅支架、车轮等部件。

奥迪 A8 轿车率先使用了全铝车身，不仅坚固耐用，抗锈蚀性强，而且减小了车身质量，为汽车带来更加强劲的动力性能和优越的经济性能。1991 年在东京车展推出的奥迪 Avus Quattro 概念车（图 7-12）是世界首款采用铝合金车身的汽车。

图 7-12 奥迪 Avus Quattro 概念车

7.6.2 镁合金

镁在地壳中的含量丰富，在海水中也含有大量的镁，绝大多数的镁是以镁合金的形式应用，镁合金具有密度小、比强度高、刚性好、抗冲击和抗振动性能好、可加工性好、散热性能好和屏蔽性能好等优点。

镁合金是汽车的仪表板、转向盘、转向器导柱和座椅支架等的理想材料。

7.6.3 钛合金

钛的密度为 4.6g/cm^3，强度和硬度超过了钢，且不易生锈，钛还可以制造铌-钛超导合金和磁性材料等。钛合金的主要成分为 6% 的铝、4% 的钒和 90% 的钛。用钛合金铸造的汽车发动机部件更轻、更坚固、更耐腐蚀，钛合金车身可以承受更大的作用力。

7.6.4 工程塑料

工程塑料用于汽车可实现轻量化和节能，且可回收和循环利用。目前六大类的塑料，

PP、PUR、PVC、ABS、PA 和 PE 在汽车上得到广泛的应用，通常用于制造车身覆盖件、车门门槛、车身内外装饰件、保险杠和车轮护罩等。用彩色塑料制造的车身覆盖件，不需要进行油漆喷涂，可节省车身覆盖件的涂装设备、涂装工艺。在彩色塑料制品上采取"上釉"的方法，可使彩色塑料具有闪亮的金属光泽。

7.6.5 陶瓷材料

由于陶瓷本身具有的特殊力学性能以及对热、电、光等的物理性能，陶瓷材料（特别是特种陶瓷）在汽车上的应用日益受到人们的重视。陶瓷轴承、发动机涡轮增压转子等零部件具有耐高温、耐腐蚀、高速运转离心力小、运转温升低等优良性能，可在高速、高温、腐蚀、无润滑等苛刻工况下正常运转，使用寿命大大延长。我国已成功研制出钛酸铝陶瓷—铝合金复合排气管、氮化硅陶瓷柴油机涡轮增压转子和球轴承等汽车部件（图 7-13）。

氮化硅发动机废气涡轮增压器陶瓷涡轮转子　　　　　　氮化硅陶瓷球轴承

图 7-13　我国开发的氮化硅基陶瓷汽车零部件

7.6.6 复合材料

复合材料是一种多相材料，是由有机高分子、无机非金属和金属等原材料复合而成的。

复合材料按照机体材料类型可分为聚合物基复合材料（如碳纤维-酚醛复合材料）、无机非金属基复合材料（如碳纤维-陶瓷复合材料）和金属基复合材料（如碳纤维-铝基复合材料）等。玻璃纤维增强树脂复合材料和碳纤维增强树脂复合材料在汽车上已经获得成功的应用。

玻璃纤维增强树脂复合材料因其力学性能可与钢相媲美，因此又称为玻璃钢。

玻璃纤维增强树脂复合材料耐腐蚀、绝缘性好，特别是有良好的可塑性，对模具要求较低，制造车身大型覆盖件的模具加工工艺较简易，生产周期短，成本较低。玻璃纤维增强树脂复合材料比强度高，有利于减小车辆的整备质量。在轿车和客车上，可采用玻璃纤维增强树脂复合材料制造轿车车身覆盖件、客车前后围覆盖件和货车驾驶室等零部件。

碳纤维增强树脂复合材料是目前强度最大的复合材料。碳纤维增强树脂复合材料耐腐蚀、绝缘性好、可塑性强、生产周期短。碳纤维增强树脂复合材料比强度高，有利于减小车辆的整备质量，可用于制造赛车的传动轴、制动盘、悬架系统、车身覆盖件等零部件。

7.6.7 稀土材料

稀土永磁电动机、发电机比传统电励磁起动机、发电机的效率提高 10%～20%。稀土永磁起动机除了具有传统起动机所具备的力学特性外，还具有体积小、质量小、结构简单和运行可靠等优点。

汽车废气净化催化剂早期使用普通金属 Cu、Cr、Ni，它们催化活性差、起燃温度高、易中毒。其后采用的 Pt、Pd、Rh 等作催化剂，具有活性高、使用寿命长、净化效果好等优点，但价格十分昂贵。

含稀土的汽车废气净化催化剂价格低、热稳定性好、活性较高，使用寿命长。国内外已成功开发了含少量贵重金属的稀土基汽车废气净化催化材料，特别是用于活性涂层的铈锆稀土复合氧化物已成功用于汽车净化器中，使催化性能与使用寿命大大提高。

7.6.8 纳米材料

纳米科技是 21 世纪科技产业革命的重要内容之一，它是高度交叉的综合性学科，包括物理、化学、生物学、材料科学和电子学。它不仅包含以观测、分析和研究为主线的基础学科，还有以纳米工程与加工学为主线的技术科学，所以纳米科学与技术是一个融前沿科学和高技术于一体的完整体系。

纳米复合材料可显著改善材料的性能。

纳米技术在汽车上的结构材料、节能、环保等方面获得广泛的应用，如纳米陶瓷材料、纳米汽油、纳米润滑剂等。

纳米陶瓷材料的耐磨性高、质量减小、稳定性增强。纳米陶瓷轴已经应用在奔驰等高级轿车上，使机械转速加快、质量减小、稳定性增强、使用寿命延长。

纳米汽油是一种利用纳米技术开发的汽油微乳化剂，纳米汽油可降低油耗 10%～20%，可降低废气中有害气体含量 50%～80%。

纳米润滑剂是采用纳米技术改善润滑油分子结构的石油产品，它不对任何润滑油添加剂、稳定剂、处理剂、发动机增润剂或减磨剂等产生不良作用，只是在零件金属表面自动形成纯烃类单个原子厚度的一层薄膜。由于这些微小的烃类分子间的相互吸附作用，能够完全填充金属表面的微孔，可最大可能地减小金属与金属间微孔的摩擦。

思考题

1. 目前普遍应用的汽车电子控制技术有哪些？
2. 目前普遍应用的汽车网络技术有哪些？
3. 汽车智能驾驶系统的作用是什么？简述其基本工作原理。
4. 清洁能源汽车有哪些种类？其中哪些是可再生清洁能源汽车？

参 考 文 献

[1] 谷正气. 古董老爷车 [M]. 长沙：湖南人民出版社，2002.

[2] 吕植中，刘煊. 飞轮载世界 [M]. 北京：北京理工大学出版社，2002.

[3] 王友恭，王刚. 二十世纪重大发明 [M]. 北京：中国戏剧出版社，2000.

[4] 王绍铣，夏群生，李建秋，等. 汽车电子学 [M]. 北京：清华大学出版社，2005.

[5] 曲金玉，崔振民. 汽车电器与电子控制技术 [M]. 北京：北京大学出版社，2012.

[6] 陈慧岩，熊光明，龚建伟. 无人驾驶汽车 [M]. 北京：北京理工大学出版社，2014.

[7] 林平. 汽车文化 [M]. 北京：机械工业出版社，2018.

[8] 廖莺，刘长策. 汽车文化 [M]. 北京：机械工业出版社，2020.

[9] 马骁，帅石金，丁海春. 汽车文化 [M]. 3 版. 北京：清华大学出版社，2020.

[10] 凌永成. 汽车网络技术 [M]. 北京：清华大学出版社，2019.